bup
BERLIN UNIVERSITY PRESS

**„Oder gilt das nur in Demokratien?“**
Freies Mandat, Rederecht und Fraktionen

Herausgegeben von Roman Herzog

Berlin University Press

**Roman Herzog (Hg.)**
**„Oder gilt das nur in Demokratien?“**
**Freies Mandat, Rederecht und Fraktionen**
Erste Auflage


*Ausstattung und Umschlag*
Groothuis, Lohfert, Consorten|glcons.de
*Satz und Herstellung*
Dittebrandt Layout&Satz, Baden-Baden
*Schrift*
Borgis Joanna MT
*Druck*
Beltz Druckpartner GmbH Co. KG, Hemsbach
ISBN 978-3-86280-029-2

„Früher waren die Abgeordneten mal ihrem ‚Gewissen' verpflichtet. Wurde dies mit dem Umzug von Bonn nach Berlin geändert oder ist der hier ausgeübte Fraktionszwang womöglich verfassungswidrig? Ist die Nötigung eines Verfassungsorgans in Deutschland eigentlich strafbar? Oder gilt das nur in Demokratien? Wer kann mir dazu eine juristisch kompetente Antwort geben?
Herzlichen Dank im Voraus."

(User „kkonline"
zu: Severin Weiland, „Euro-Abweichler erzürnen die Parteigranden" – Spiegel Online 29.09.2011)

# Inhalt

# Zum Ausgleich widersprüchlicher Verfassungsprinzipien

Roman Herzog

Am 29. September 2011 hatte der Deutsche Bundestag über den sogenannten Euro-Rettungsschirm (EFSF) zu entscheiden. Am Ausgang der Entscheidung bestand von vornherein kein Zweifel, weil die Oppositionsparteien SPD und GRÜNE bereits ihre Unterstützung angekündigt hatten. Mehr als für die Sache selbst interessierten sich die Medien folgerichtig dafür, ob das Projekt auch ohne deren Stimmen, allein mit den Stimmen der beiden Koalitionsfraktionen, zustande kommen würde; immerhin gab es sowohl in der Fraktion der CDU/CSU als auch in der der FDP eine Reihe von Gegenstimmen.

Auf der ursprünglichen Rednerliste tauchten diese Minderheiten allerdings nicht auf, beide Fraktionsführungen hatten nur Befürworter der Vorlagen als Debattenredner benannt. Als Vertreter der Minderheitspositionen dagegen remonstrierten, räumte der Präsident des Bundestages je einem Minderheitsvertreter aus beiden Regierungsfraktionen eine außerordentliche Redezeit von fünf Minuten – noch vor der Abstimmung des Plenums – ein. Diese Entscheidung stieß auf die einmütige Kritik aller im Bundestag vertretenen Fraktionsführungen. Aus den heftigen Debatten über die bekannten Finanzfragen wurde also eine Doppeldebatte: einerseits über die Sachfrage, andererseits über die Stellung von Parlament und Fraktionen im Parteienstaat.

Jenseits der Fraktionsspitzen hätten die Reaktionen nicht unterschiedlicher sein können. In den Medien überwog die Zustimmung, die zum Teil allerdings durch retardierende Elemente angereichert war. Ganz anders dagegen die Bürgerbriefe, die den Präsidenten zu Hunderten erreichten. Hier gab es praktisch nur Zustimmung, oft sogar emphatische Zustimmung, teilweise mit eher vordergründigen Aspekten, teilweise aber auch von ganz erstaunlicher Sachlichkeit und Qualität. Wären diese zuletzt genannten Zuschriften und einige besonders geglückte Äußerungen in den Medien im Rahmen einer Parlamentsdebatte von Abgeordneten vorgetragen worden, so hätte man wieder einmal von einer Sternstunde des Parlaments sprechen können.

Eine Auswahl dieser Stimmen soll in diesem kleinen Buch der Öffentlichkeit übergeben werden. Sie bietet, soweit sich das heute beurteilen lässt, fast alle Gesichtspunkte, die ein Parlamentspräsident in vergleichbaren Fällen zu berücksichtigen hat, und sie zeigt zugleich manche – berechtigte wie unberechtigte – Gründe auf, die uns so oft von Politik- bzw. Parlamentsverdrossenheit sprechen lassen. Wie auch immer: Sie ist eine gute Grundlage zum Weiterdenken, wenn sich auch fast jedem Argument ein Gegenargument oder zumindest ein Zweifel entgegen halten lässt – und wenn man das diesmalige Verhalten des

Bundestagspräsidenten – wie ich – für absolut richtig hält, so ist doch noch lange nicht sicher, ob es sich in jeder vergleichbaren Lage guten Gewissens wiederholen lässt.

Man braucht dazu gar nicht die banale Überlegung zu bemühen, wie sich Präsident Lammert hätte verhalten sollen, wenn nicht zwei, sondern zwanzig oder gar zweihundert Abgeordnete hätten sprechen wollen, was zum Platzen aller Arbeitspläne für die nächsten Wochen geführt hätte. Es sind noch ganz andere, viel grundsätzlichere Fragen ungeklärt, schon die, welchem Zweck eine parlamentarische Debatte heute, nach wochenlangen öffentlichen Diskussionen, denn überhaupt noch dient. Immer noch der Klärung in und der Überzeugungsarbeit zwischen den Fraktionen? Oder soll jede Seite noch einmal darstellen dürfen, dass sie gute Argumente für ihre Position hat? Oder sollen die Fraktionen noch einmal ihre Geschlossenheit oder, je nach Lage, ihre Offenheit gegenüber abweichenden Meinungen zeigen dürfen? Oder dient das Ganze, gerade im Falle des Abweichens, etwa der Präsentation parlamentarischer Gewissensentscheidungen? Oder – was am wahrscheinlichsten ist – sollen alle diese Motive nebeneinander zum Zuge kommen? Und wie soll der Präsident handeln, wenn jede Fraktion und jeder Abgeordnete verschiedene Motive verfolgt? Gibt es dann eine Rangordnung der Motive?

Und was denkt das Volk eigentlich in Wahrheit? Natürlich will niemand, dass sich die Partei- und Fraktionsführungen praktisch die Auftritte des Parlaments unter den Nagel ihrer Inszenierungen reißen. Aber wenn es im Einzelfall sehr viele Abweichler gibt, besteht dann nicht die Gefahr, dass das Volk müde wird und nach bösem Weimarer Vorbild den Bundestag als „Quasselbude" bezeichnet? Und sind dem Wähler parlamentarische Einzelkämpfer oder „geschlossene" Parteien lieber – immerhin sind wegen der Zerstrittenheit von Parteien schon ganze Wahlkämpfe verloren worden. Und schließlich: Hätten wirklich alle, die – wie auch ich – das Verhalten von Dr. Lammert gutheißen, genau so votiert, wenn die Mehrheit des Bundestages gegen EFSF gestimmt und nur zwei Abgeordnete ein Sonderrederecht bekommen hätten, um ihre Befürwortung zu begründen?

Fragen über Fragen also, und nicht wirklich ein Rezept, nach dem sie in jedem Einzelfall entschieden werden könnten. Da ist es nötig, dass es eine Stelle gibt, die zur Entscheidung im Einzelfall berufen ist und auch genug Standvermögen hat, diese Entscheidung denn auch zu treffen. Diese Stelle ist, wenn es um parlamentarische Debatten geht, nun einmal der Präsident des Bundestages – und plötzlich drängt sich das uralte Wissen darum wieder auf, dass es sich hier um keine Sinekure für einen verdienten, aber schon halbwegs ausgeschiedenen Politiker handelt, sondern dass man dafür Menschen mit zwei besonderen Eigenschaften braucht: eben mit dem nötigen Standvermögen im Notfall und mit der Fähigkeit, bei allen politischen Lagern Vertrauen zu schaffen.

Es ist schon gesagt worden, dass es nicht möglich sein wird, in der hier diskutierten Frage Regeln zu finden, die den Präsidenten von jeder eigenen Verantwortung entlasten könnten. Dazu sind die denkbaren Fallgestaltungen zu unterschiedlich und folglich auch zu wenig vorhersehbar. Aber es kommt noch etwas hinzu, was oft nicht und, wenn doch, zu einseitig gesehen wird: Auch das Grundgesetz, von dem man doch zuerst eine Lösung oder wenigstens den Hinweis auf eine Lösung erwarten möchte, lässt den Betrachter in diesem Fall im Stich. Gewiss – es bestimmt, dass die Abgeordneten „Vertreter des ganzen Volkes" sind und grundsätzlich nur nach ihrem Gewissen entscheiden müssen (Artikel 38 Absatz 1). Das verbietet einen Fraktionszwang, wie er insbesondere während der Weimarer Zeit im Reichstag vorkam, aber es verbietet schon nicht, dass der einzelne Abgeordnete Fraktionsdisziplin übt, indem er – beispielsweise – in Fragen, in denen er selbst kein Fachmann ist, wie die Fachleute seiner Fraktion und nicht wie die von anderen Parteien stimmt. Vom Rederecht des Abgeordneten wird im Verfassungstext überhaupt nicht ausdrücklich gesprochen, doch es ist selbstverständlich und vom Bundesverfassungsgericht mehrfach ausdrücklich anerkannt. Zu seinen Grenzen schweigt das Grundgesetz aber schon wieder und außerdem anerkennt dieses in seinem Artikel 21 Absatz 1 ausdrücklich die Existenz politischer Parteien, so dass eine gewisse Mitsprache der Parteien bei der Steuerung parlamentarischer Prozesse auch nicht gänzlich ausgeschlossen sein kann.

Das Grundgesetz bietet dem Betrachter also zwei Vorschriften an, die in Konfliktsfällen auch einmal gegeneinander stehen können und die dann – in Form einer sogenannten praktischen Konkordanz – miteinander in Einklang gebracht werden müssen. Diese Problematik stand am 29. September 2011 dem Bundestagspräsidenten wohl vor Augen und er hat sie so gelöst, dass viele ernsthafte Bürger ihm dabei zustimmen konnten. Vermutlich hat er dabei auch an jene verfassungsgerichtliche Entscheidung gedacht, die vor vielen Jahren einem Bundestagskandidaten, der ohne die Unterstützung einer Partei zur Wahl angetreten war, einen persönlichen Wahlkampfkostenbeitrag zugesprochen hatte.

Ich würde alle diese verfassungsrechtlichen Detailfragen hier nicht so dezidiert ansprechen, wenn sie nicht ein prinzipielles Dilemma bloßlegen würden, unter dem unsere ganze Verfassung leidet. Die Entwicklung des deutschen Verfassungsrechts – wie auch die in vielen anderen europäischen Staaten – hat sich irgendwie folgerichtig von der absoluten Monarchie zur Massendemokratie vollzogen, es ist aber nie zu grundsätzlichen Neuformulierungen, sondern immer nur zur Implantation einiger neuer Elemente in die üblichen Verfassungstexte gekommen. In den Länderverfassungen des 19. Jahrhunderts wurde der absoluten Monarchie früherer Zeit das Element „Parlamentarismus" eingepflanzt, woraufhin die Parlamente in einem fast hundertjährigen Ringen sich ihren Standort erkämpfen mussten, bis in die Bismarcksche Reichsverfassung von 1867/71 hinein. Die Weimarer Verfassung von 1919 beließ es in den meisten Fragen beim Hergebrachten, „demokratisierte" es jedoch in zentralen Fragen, am deutlichsten bei der Volkswahl des Reichspräsidenten, den man infolgedessen als „demokratischen Kaiser" bezeichnete. Das Grundgesetz von 1949 beließ es auch seinerseits beim Alten, wenn man davon absieht, dass die politische Hauptrolle vom Präsidenten zum Kanzler überging – und dass zum ersten Mal in einer deutschen Verfassung die politischen Parteien erwähnt wurden. Seither gibt es eine jetzt sechzigjährige Debatte darüber, wie sich die hergebrachten Verfassungsregeln durch das Dazukommen dieser einzigen Bestimmung geändert haben!

Ich selbst weiß aus ungezählten Zuschriften besorgter Bürger, wie sehr sie dadurch irritiert sind, dass kaum eine Verfassungsbestimmung über unser Regierungssystem mehr im wörtlichen Sinne praktiziert wird – weil eben (was sie aber nicht sehen) die Anerkennung der politischen Parteien durch das Grundgesetz hinzugetreten ist; immerhin wird in der ganzen gegenwärtigen Verfassung selbst das Wort „Fraktion" nicht ein einziges Mal ausgesprochen. Aber notwendig sind Parteien und dementsprechend auch Fraktionen in der Massendemokratie von 80 Millionen Bürgern eben doch!

Dass ich in den vorstehenden Ausführungen von nichts anderem gesprochen habe als von der schwierigen Aufgabe des Ausgleichs zwischen einander eigentlich widersprechenden Verfassungsprinzipien und damit von der Unvermeidlichkeit einer Konkretisierung und Weiterentwicklung unseres Verfassungssystems, wird den meisten Lesern wohl klar geworden sein. Ich habe dem nur noch eines hinzuzufügen: Diese Weiterentwicklung ist nicht nur Sache des Bundesverfassungsgerichts, an das man in solchen Fragen immer zuerst denkt, sondern sie ist Sache aller obersten Verfassungsorgane, gerade auch des Parlamentspräsidenten, dem in seiner Rolle ohnehin ein großes Maß an Sorge für das gemeine Beste und vor allem für Unparteilichkeit auferlegt ist. Es ist gut zu sehen, wie der gegenwärtige Amtsinhaber dieser Erwartung im konkreten Fall gerecht geworden ist.

# Das Rederecht von „Fraktionsabweichlern“

Jörg van Essen

## 1. Für die hier zu beleuchtende rechtliche Frage ist der zugrunde liegende Sachverhalt von besonderer Bedeutung:

Die parlamentarische Begleitung der Maßnahmen rund um die Staatsschuldenkrise und den Euro hat über das ganze Jahr 2011 zu umfangreichen Beratungen in den Arbeitskreisen und in der Vollversammlung der Fraktion geführt, u. a. mehrere mehrstündige Sondersitzungen. Die Bundeskanzlerin, der Bundesfinanzminister und die Hausspitze des Bundesfinanzministeriums standen mehrfach zur Berichterstattung und für Fragen zur Verfügung. Die innerfraktionellen Debatten waren zeitlich nicht begrenzt und wurden erst beendet, als alle gemeldeten Redner zu Wort gekommen waren.

Aus den innerfraktionellen Beratungen war für die Debatte am 29. September 2011 bekannt, dass die Fraktionsvorsitzenden als Hauptredner diese wichtige Debatte überwiegend bestreiten würden. So hat meine Fraktion den Fraktionsvorsitzenden Rainer Brüderle als Hauptredner bestimmt. Die Fachpolitiker haben nach ihrer Arbeitskreissitzung den zuständigen Arbeitskreisvorsitzenden,

Bundestagsvizepräsident Dr. Hermann Otto Solms als Fachsprecher benannt.

Nach langjähriger interfraktioneller Vereinbarung werden in die Redezeit der Fraktionen auch die Mitglieder der Bundesregierung angerechnet, die in der Debatte das Wort ergreifen. Als einen der zuständigen Fachminister hat meine Fraktion deshalb den Vizekanzler und Bundeswirtschaftsminister Dr. Philipp Rösler als weiteren Redner bestimmt. Innerhalb der meiner Fraktion zustehenden 21 Minuten Redezeit wurde nach Absprache zwischen den Rednern 13 Minuten für den Hauptredner und je 4 Minuten für den Vertreter der Bundesregierung und der Fachpolitiker vorgesehen. Widerspruch gegen diese Rednerbenennung in der Fraktion gab es nicht. Es gab auch keine weiteren Anträge, für die Fraktion reden zu wollen. Am Vortag der Debatte verlangte der Kollege Schäffler telefonisch von mir, als Redner berücksichtigt zu werden. Unter Hinweis darauf, dass er nicht einen einzigen der weiteren Fachpolitiker mit seinen Argumenten habe überzeugen können und er auch keine weiteren Kollegen aus der Fraktion vertrete, habe ich ihn auf die Minderheitenrechte der Zwischenintervention und der Erklärung zur Abstimmung verwiesen.

Bei der Verteilung der Rednerliste in der laufenden Debatte des 29. Septembers 2011 musste meine Fraktion feststellen, dass der amtierende Präsident ohne Unterrichtung der betroffenen Fraktionen zwei Einzelmeinungen vertretende Abgeordnete zwischen die von den Fraktionen gemeldeten Redner gemischt hatte, im Falle meiner Fraktion den Kollegen Schäffler vor dem von den Fachpolitikern als ihren Sprecher nominierten Kollegen Solms. In der anschließenden Ältestenratssitzung wurde diese Entscheidung von allen Fraktionen kritisiert, vom amtierenden Präsidenten verteidigt.

## 2. Rechtliche Bewertung

Angesichts dieser gegensätzlichen Positionen soll das Rederecht von Abgeordneten im Deutschen Bundestag, die eine von ihren Fraktionen abweichende Meinung vertreten,[1] im Hinblick auf eine interessengerechte Handhabung für zukünftige vergleichbare Situationen aus dem Blickwinkel des Ersten Parlamentarischen Geschäftsführers der FDP-Bundestagsfraktion näher beleuchtet werden.

Die Thematik des kontingentierten Rederechts spielt eine besondere Rolle sowohl bei „Fraktionsabweichlern" als auch bei fraktionslosen Abgeordneten.[2] Ziel dieses Beitrags ist es, unter Berücksichtigung des freien Mandats der Abgeordneten einerseits und der gewichtigen Fraktionsinteressen andererseits, eine exemplarische Zusammenfassung dieser Diskussion im Lichte verfassungsrechtlicher Grundsätze und der anerkannten schützenswerten Arbeitsfähigkeit des Parlaments darzustellen, um auf diese Weise Regeln einer parlamentarischen Praxis im Deutschen Bundestag zu bestimmen, die als selbständige Elemente einer Verfassungskultur in Ergänzung zum Verfassungsrecht Bestand haben können.[3]

## 3. Charakter, Funktion und Zweck der parlamentarischen Debatte

Die sachdienliche Kritik am Vorgehen des Bundestagspräsidenten kann vernünftigerweise nicht hinreichend erfasst werden, ohne dass Charakter, Funktion und Zweck der Parlamentsdebatte einer umfassenden Betrachtung unterzogen werden. Gegenstand dieser Betrachtung müssen sowohl die Teilnehmer als auch die Adressaten der Parlamentsdebatte, die vorausgegangenen Entscheidungsfindungsprozesse in den einzelnen Fraktionen und letztlich deren Zielsetzung und Wirkungsweise sein.[4] Im Blickwinkel der Auseinandersetzung muss dabei stets das Ziel stehen, dass das Parlament ein Forum für Rede und Gegenrede sein soll.[5]

### 3.1. Zweck der Parlamentsdebatte

Um den Sinngehalt der Parlamentsdebatte zu durchdringen, ist auf zwei konkurrierende und koexistente Theorien zu verweisen, die angesichts der Deutung des Parlamentarismus wesentliche inhaltliche Unterschiede aufweisen, weshalb eine jeweils ausschließliche Zugrundelegung den Zweck der parlamentarischen Debatte nicht zu erklären vermag. Allerdings weisen beide Theorien Bestandteile auf, die den jeweils anderen Denkansatz ergänzen und in einer Gesamtbetrachtung schließlich einen Lösungsansatz für die Problematik der Redezeit von „Fraktionsabweichlern" bieten.[6] Im Wesentlichen setzen beide Denkmodelle an verschiedenen Zeitpunkten an, die für die parlamentarische Entscheidungsfindung im Hinblick auf die parlamentarische Debatte und die sich daran anschließende Abstimmung im Plenum von Bedeutung sind. Während die Kreationstheorie entscheidend auf die öffentliche Debatte als einen Zeitpunkt abstellt, in dem die Entscheidungssuche noch nicht abgeschlossen ist, kommt nach der Legitimationstheorie der Parlamentsdebatte lediglich die Aufgabe zu, solche Argumente öffentlich darzustellen, die bereits in dem mittlerweile abgeschlossenen Entscheidungsfindungsprozess von Bedeutung waren.[7] Während die Kreationstheorie darauf abstellt, dass die Debatte selbst erst die am Ende stehende Entscheidung herbeiführt, kommt der Debatte unter Zugrundelegung der Legitimationstheorie (lediglich) eine Veröffentlichungsfunktion zu, die ablehnende oder zustimmende Argumente für die bereits in den Fraktionen erarbeitete Entscheidung nach außen hin präsentiert. Wenngleich aus beiden Denkansätzen isoliert betrachtet nicht der Zweck einer Parlamentsdebatte hergeleitet werden kann, kommt der Legitimationstheorie in der heutigen parlamentarischen Praxis vor dem Hintergrund oftmals außerordentlich komplexer und aufwändiger Entscheidungsfindungsprozesse in den Fraktionen nahezu ausschließlich eine Bedeutung zu, da jede parlamentarische Debatte durch vorausgehende zahlreiche Verhandlungen anderer Art wie Diskussionen, Anhörungen, Beratungen und Abstimmungen innerhalb der Fraktionen und Ausschüsse vorbereitet und herbeigeführt wurde.

Nur in ganz wenigen Fällen, beispielsweise bei denen, die ethische Grundfragen berühren, gibt es noch in der Parlamentsdebatte, wie von der Kreationstheorie unterstellt, im Plenum ein Ringen um Lösungen. Dies macht sich nach außen dadurch erkenntlich, dass nicht nur die Fachpolitiker eine bereits gefundene Lösung präsentieren.

### 3.2. Adressaten und Teilnehmer der Parlamentsdebatte

Der Adressatenkreis von Parlamentsdebatten hat sich im Zuge der technischen Entwicklung der Massenmedien immens vergrößert. Neben den im Plenarsaal anwesenden Sitzungsteilnehmern (Abgeordnete, Regierungsvertreter, Mitglieder des Bundesrates) kann sich der jeweilige Redner mitunter auch an die Zuhörer auf der Besuchertribüne und die Journalisten auf der Pressetribüne richten. Darüber hinaus wird der Adressatenkreis aufgrund der im medialen Zeitalter nahezu grenzenlosen Berichterstattung erweitert. Sämtliche Parlamentsdebatten werden in Form von schriftlichen Dokumenten, Radiobeiträgen und Internetauftritten sowohl des Deutschen Bundestages als auch der einzelnen Fraktionen und Nachrichtendienste zeitgleich und des Weiteren auch auf Abruf für Jedermann verfügbar gemacht.

Hervorzuheben ist hierbei, dass die Teilnehmer einer Parlamentsdebatte in tatsächlicher Hinsicht ganz überwiegend selten als Individuum auftreten, sondern vielmehr als Teil einer Gruppe bzw. als Träger einer bestimmten Rolle. Abgeordnete sprechen im Parlament fast ausschließlich als gleichzeitiges Mitglied der Regierung oder als Mitglied einer Regierungsfraktion, als Mitglied der Oppositionsfraktion, als Berichterstatter eines bestimmten Ausschusses, etc.[8] Dieser Aspekt ist insofern maßgeblich bei der Fragestellung zu berücksichtigen, wie weit das Rederecht von „Fraktionsabweichlern“ reicht und ob es unter Umständen zu den Aufgaben des Bundestagspräsidenten bei der Leitung der Aussprache zählt, diesen Umstand im Sinne einer funktionsfähigen parlamentarischen Debatte angemessen zu berücksichtigen.

Ganz entscheidend grenzt diese soeben beschriebene Teilnehmerrolle einen „Fraktionsabweichler“ von fraktionslosen Abgeordneten ab, wenn es darum geht, dass ein Abgeordneter das Wort erhält, der zwar einer Fraktion angehört, jedoch eine von der Fraktion abweichenden Meinung im Plenum öffentlich darzustellen beabsichtigt. Während ein Rückgriff auf eine Fraktion mangels Fraktionszugehörigkeit bei einem fraktionslosen Mitglied des Bundestages nicht möglich ist und er quasi für sich alleine spricht, besteht bei „Abweichlern“ die unweigerlich nach außen tretende Mitgliedschaft zu einer Fraktion, die insbesondere auch bei der Worterteilung durch den Bundestagspräsidenten kommuniziert wird.

### 3.3. Fraktionen und Freies Mandat

In einem weiteren Schritt soll das Verhältnis von Abgeordneten, insbesondere von „Fraktionsabweichlern“ und Fraktionen in Anbetracht des Freien Mandats differenziert betrachtet werden. Ohne Zweifel besteht für jeden Abgeordneten das Freie Mandat, welches das Bundesverfassungsgericht aus Art. 38 Abs. 1 S. 2 GG ableitet. Die Eigenständigkeit eines jeden Abgeordneten besteht demnach nicht nur darin, sein Stimmrecht frei auszuüben, sondern auch von seinem Rederecht im Deutschen Bundestag selbständig Gebrauch zu machen.[9] Das Rederecht des einzelnen Abgeordneten wird somit zum Kernbestand seines verfassungsrechtlichen Status gezählt, wenngleich die Ausübung des Rederechts den vom Parlament autonom gesetzten Schranken unterliegt.[10] Daneben stellen aber auch die einzelnen Fraktionen anerkanntermaßen notwendige Einrichtungen des Verfassungslebens dar, die auch mit der Anerkennung der Parteien in Art. 21 GG von der Verfassung vorausgesetzt werden. Die Fraktionen steuern und erleichtern die Parlamentsarbeit.[11] Infolgedessen obliegt es ihnen auch, ihre Abgeordneten zu betreuen und nach Möglichkeit bei Wortmeldungen zu berücksichtigen. Dies gilt selbst dann, wenn diese Auffassungen vertreten, die nicht mit der Auffassung ihrer Fraktion übereinstimmen. Auch wenn die Bindung eines Abgeordneten an seine Fraktion unter bestimmten Bedingungen eine Beschränkung seines in Art. 38 Abs. 1 S. 2 GG verankerten Freien Mandats mit sich bringt,[12] ist dies verfassungsrechtlich allerdings nur so lange nicht zu beanstanden, wie die Bindung an die Fraktion sich im Rahmen des verfassungsrechtlich Zulässigen bewegt und es letztlich bei der notwendigen Entscheidungsfreiheit und Selbstverantwortung des einzelnen Abgeordneten bleibt.[13]

## 4. Vorbereitung von Parlamentsdebatten

Um den hier vertretenen Standpunkt weiter auszuführen, bedarf es überdies eines Blickes auf die Verhandlungen, die einer jeden Parlamentsdebatte vorausgehen. In zahlreichen Versammlungen und Beratungen der einzelnen Fraktionen wird ein bestimmtes Gesetzesvorhaben in den Arbeitskreisen und Fraktionssitzungen der Fraktionen eingehend erörtert. Jedes Fraktionsmitglied hat die Möglichkeit, seine Bedenken gegenüber einem Vorhaben zu kommunizieren und sich an einer Diskussion zu beteiligen sowie seinen Standpunkt zu vertreten. Das Rederecht des einzelnen Abgeordneten ist etwa nicht darauf zu reduzieren, dass er öffentlich im Parlament den eigenen Standpunkt verteidigt. Es kommt insbesondere angesichts von Gesetzesvorhaben auf die parlamentarische Vorarbeit an, der jedes Mitglied einer Fraktion beiwohnen kann und soll. Nur so ist es einer Fraktion möglich, durch mehrheitlich gefasste Beschlüsse einen Konsens in der Fraktion zu etablieren, der schließlich dann gebündelt in der Parlamentsdebatte mittels einzelner Redner den Adressaten vermittelt werden soll und somit gleichermaßen der Präsentation dieses fraktionellen Meinungsbildungsprozesses dient. Den einzelnen Fraktionen kommt in dieser Vorbereitungsphase eine anspruchsvolle und zugleich bedeutende Aufgabe zu. Es wäre weder der Sache dienlich noch nachvollziehbar, wenn der gesamte vorbereitende Vorgang eines Fraktionskonsenses in seiner Komplexität lediglich „unverbindliches Mate-rial"[14] liefern würde, das nunmehr in der anstehenden Debatte durch die im Vergleich zu übrigen Redezeiten unproportionierte Rede eines Fraktionsabweichlers verfälscht würde. Dennoch bleibt das erwähnte Urteil des Bundesverfassungsgerichts eine Antwort auf die Frage schuldig, wie zu verfahren ist, wenn tatsächlich ein „Fraktionsabweichler" um die Worterteilung bittet.[15] Um eine Antwort hierauf zu geben, ist zunächst auf die Praxis der Festsetzung von Fraktionsredezeiten näher einzugehen.

## 5. Redezeitbeschränkungen

Die Begrenzung von Redezeit ist zum einen der Tatsache geschuldet, dass im Deutschen Bundestag eine Vielzahl von Themen bearbeitet und beraten werden muss. Die proportionale Verteilung der Redezeit für die Fraktionen entsprechend ihrem Stärkeverhältnis im Parlament liegt zum anderen darin begründet, dass es nicht darum geht, dass ein einzelner Abgeordneter seine (persönliche) Meinung vorträgt.[16] Stattdessen hat das Bundesverfassungsgericht in einem Leitsatz klargestellt: „Aus dem Prinzip der repräsentativen Demokratie folgt nicht, dass die Abgeordneten das Volk nur im Plenum des Bundestages repräsentieren können."[17] Vielmehr ist beabsichtigt, das Konzentrat des vorangegangenen Meinungsbildungsprozesses mit einer Vielzahl von Beteiligten durch ausgewählte Mitglieder der Fraktion zu kommunizieren.

Unter Berücksichtigung dieser Gesichtspunkte ist einer Fraktion aus schützenswerten sachlichen Gründen daran gelegen, dass die von ihnen ausgewählten Redner den erarbeiteten Konsens in einer Sache und damit das demokratisch gewachsene Meinungsbild in der Fraktion präsentieren. Würden sämtliche „Abweichler" während einer pauschalen Redezeit von fünf Minuten ihre mit der gebündelten Fraktionsmeinung nicht übereinstimmende Ansicht im Plenum präsentieren, hätte dies eine unerwünscht verzerrte Darstellung des entwickelten Konsenses einer Fraktion sowie einen Verstoß gegen den Grundsatz der Fraktionsgleichheit[18] zur Folge. Hinzu tritt, dass die auf die einzelnen Fraktionen verteilte und festgelegte Redezeit im Sinne von Redezeitbeschränkungen vor dem Hintergrund der Funktionsfähigkeit des Parlaments, insbesondere im Hinblick auf einen erforderlichen geordneten Geschäftsgang, verfassungsrechtlich gerechtfertigt ist.[19]

Gleichwohl ist zu betonen, dass die Fraktionsführungen kein ausschließliches Verfügungsrecht über die Redezeit innehaben.[20] Denn auch bei festgesetzten Redezeiten hat der Bundestagspräsident für jeden Abgeordneten, der sich meldet, über die Worterteilung zu befinden. In Übereinstimmung mit dem Bundesverfassungsgericht ist es folglich nicht ausgeschlossen, dass der einzelne Abgeordnete auch gegen den Willen seiner Fraktion das Wort erhält, um seine abweichende Meinung auszusprechen.[21] Das bewährte und verfassungsrechtlich gerechtfertigte Konzept der Redezeitbeschränkung stünde jedoch auf tönernen Füßen, wenn sich der Bundestagspräsident hierüber völlig schrankenlos hinwegsetzen könnte. Dieses Dilemma wurde in der Debatte am 29. September 2011 letztlich manifest, sodass es einer eingehenden Auseinandersetzung mit Sinn und Zweck der Redezeitbeschränkungen bedarf, die unweigerlich zu einer hinnehmbaren und gerechtfertigten unwesentlichen Beschränkung des Freien Mandats führen.

## 5.1. Sinn und Zweck kontingentierter Redezeiten

Nach § 35 Abs. 1 S. 1 der Geschäftsordnung des Deutschen Bundestages werden Gestaltung und Dauer der Aussprache über einen Verhandlungsgegenstand in der jeweils nächsten Sitzungswoche auf Vorschlag des Ältestenrates vom Bundestag festgelegt. Das Grundgesetz überlässt es durch das Recht zur Regelung von Geschäftsordnungsangelegenheiten in Art. 40 Abs. 1 S. 2 GG weitestgehend dem Parlament, die Redebefugnis der Abgeordneten selbst zu begrenzen.[22] Die Vereinbarung des Ältestenrates über die Dauer und Gestaltung der Aussprache ist zwar für den Bundestag erst dann bindend, wenn der Bundestagspräsident nach seiner Mitteilung über die Vereinbarung bei Aufruf des betreffenden Tagesordnungspunktes das Einverständnis des Hauses feststellt.[23] Gleichwohl entspricht es ständiger Praxis und bewährten parlamentarischen Grundsätzen, dass die Bundestagsfraktionen auf die verlässliche Einhaltung der im Ältestenrat zustande gekommenen Vereinbarungen zur Redeordnung vertrauen können. Es ist deshalb für den ungestörten parlamentarischen Ablauf unverzichtbar, dass interfraktionelle Vereinbarungen, die sich insbesondere auch auf die Gestaltung und Dauer der Aussprache im Plenum des Deutschen Bundestages beziehen, eingehalten werden.

### 5.2. Die Gebote der Fairness und Loyalität als Rechtfertigung von Beeinträchtigungen des Freien Mandats

Nur durch andere Rechtsgüter von Verfassungsrang kann die Freiheit des Abgeordneten eingeschränkt werden. Als bedeutsames Beispiel hierfür gilt das im Sinne der Arbeits- und Funktionsfähigkeit des Parlaments zu begrenzende Rederecht.[24] Für die Beschränkung von Redezeiten fordert das Bundesverfassungsgericht klare Leitlinien, nach denen eine Grenze für Beschlüsse über die Verteilung der Redezeit das Missbrauchsverbot bilden muss. Darüber hinaus betont es mehrfach, die Geschäftsordnung des Deutschen Bundestages sei stets fair und loyal anzuwenden.[25] Die Grundsätze der Fairness und Loyalität sowie das Missbrauchsverbot können richtigerweise jedoch nicht nur zugunsten der „Fraktionsabweichler" angesichts ihres Rederechts in die Waagschale geworfen werden. Denn das Parlament setzt sich aus Gleichberechtigten zusammen, sodass als Rechtfertigungsgrund zunächst die gleichen Rechte anderer Abgeordneter zum Tragen kommen.[26] Infolgedessen bedarf es einer zweidimensionalen Anwendung dieser Grundsätze auch zugunsten der Fraktionen, wenn man ihren verfassungsrechtlich anerkannten Status[27] angemessen berücksichtigt. Denn die Einbindung des Abgeordneten in eine Fraktion ist aus parlamentsorganisatorischen Gründen letztlich hinzunehmen.

Dabei ist unbedingt zur Kenntnis zu nehmen, dass eine seit Jahrzehnten bestehende parlamentarische Praxis existiert, die die Redezeit der Abgeordneten durch Vereinbarung im Ältestenrat nach einem festgelegten Verteilungsschlüssel festlegt, der u.a. den unterschiedlichen Stärken der Fraktionen gerecht werden muss.[28]

Es ist ein Gebot der Fairness, dass die Festlegung der einzelnen Debattenpunkte, deren Lage und die Länge der einzelnen Debatten und die Aufteilung auf die verschiedenen politischen Gruppen auf der Grundlage des minderheitenfreundlichen Sainte-Laguë/Schepers-Verfahrens stattfindet. Zu günstigen, die Öffentlichkeit im besonderen Maße erreichenden Zeiten können kleinere Fraktionen nur selten ihr Anliegen vortragen und sind deshalb in besonderer Weise betroffen, wenn vom amtierenden Präsidenten von den konsentierten interfraktionellen Vereinbarungen abgewichen wird. Jede Gewährung zusätzlicher Redezeit benachteiligt diese Fraktionen, insbesondere dann, wenn wie in diesem Fall nur abweichende Abgeordnete aus den Koalitionsfraktionen zu Wort kommen.

Entscheidend kommt es folglich darauf an, dass die Geschäftsordnung des Deutschen Bundestages in Bezug auf das Rederecht von „Fraktionsabweichlern" fair und loyal angewendet wird.[29] Diesen Geboten widerspricht es, wenn der Bundestagspräsident „Fraktionsabweichlern" pauschal eine fünfminütige Redezeit gewährt. Denn es bleibt dabei, dass sie nach wie vor einer Fraktion angehören und auch in dieser Rolle aus Sicht der Adressaten und Teilnehmer der Plenardebatte für sie auftreten. Die Fraktionsredezeiten wurden jedoch bereits zuvor im Ältestenrat interfraktionell vereinbart und innerhalb einer Fraktion durch eine demokratische Entscheidung auf einzelne Redner aufgeteilt. Eine zusätzliche Gewährung von Redezeit für Fraktionsangehörige, die eine abweichende Meinung kommunizieren, wirkt sich sowohl zu Lasten des eigenen fraktionsintern erarbeiteten Konsenses als auch zu Lasten der Fraktionsangehörigen aus, deren Redemöglichkeit hinter anderen Fraktionsrednern zurückbleibt. Das gilt beispielsweise für die Berichterstatter, die nach § 28 Abs. 2 der Geschäftsordnung des Deutschen Bundestages jederzeit das Wort ergreifen können. Vor diesem Hintergrund hat eine Gleichstellung von „Fraktionsabweichlern" und „Fraktionslosen" unbedingt zu unterbleiben.[30] Denn auch gegenüber den Oppositionsfraktionen angehörenden Rednern stellt sich das Vorgehen des Bundestagspräsidenten als Verstoß gegen die Redezeitvereinbarung im Ältestenrat und zugleich als Verstoß gegen das Fairnessgebot dar. Aus Sicht der Oppositionsparteien spielt es in erster Linie keine Rolle, ob ein Abgeordneter einer Fraktion eine mit ihr übereinstimmende Auffassung vertritt oder eine von dieser abweichende Ansicht öffentlich kundtut; letztlich nehmen die Oppositionsparteien die zusätzlichen Redebeiträge als Redezeit und Rederecht einer einzigen Fraktion wahr, die in Widerspruch zu den zuvor festgelegten interfraktionellen Redezeiten steht und ihre parlamentarische Darstellung beeinträchtigt.

Es steht darüber hinaus zweifellos fest, dass fraktionsangehörige Abgeordnete in den Genuss zahlreicher damit einhergehender Vorteile kommen, die einen gewichtigen Loyalitätsanspruch der Fraktionen mit sich bringen. Hierzu zählen u.a. die Bereitstellung von Referenten für die Zuarbeit, die Teilnahme an politischen Reisen sowie finanzielle Zuschüsse. Diese quasi zu Verfassungsrang gekorene Loyalität würde jedoch *ad absurdum* geführt, wenn sich der einzelne „Fraktionsabweichler" über fraktionsinterne, in einem ausführlich demokratischen Prozess mehrheitlich zustande gekommene Beschlüsse hinwegsetzt und dafür sogar noch durch eine überproportional lange Redezeit vom Bundestagspräsidenten belohnt würde. Der einzelne Abweichler konnte in diesem Fall länger sprechen als der von den Fachabgeordneten benannte Sprecher meiner Fraktion. Nicht zuletzt widerspräche es den angeführten Geboten, wenn fraktionsangehörige „Abweichler" sich nicht abschließend um einen Diskussionsaustausch in fraktionsinternen Beratungen bemühten und letztlich ohne Absprache mit der Fraktionsführung um die Worterteilung beim Bundestagspräsidenten bitten würden. Wenn daraufhin der Bundestagspräsident sogar das Wort erteilt, ohne die Fraktionsführung hiervon in Kenntnis zu setzen, führt der damit verbundene Überraschungseffekt in der bereits laufenden Plenardebatte zu einem Zustand, der Fairness und Loyalität zwischen Abgeordneten untereinander sowie zwischen Abgeordneten und ihrer Fraktion nicht fördert, sondern vielmehr mindert. Selbst wenn parlamentarische Übungen und interfraktionelle Vereinbarungen *per se* keine rechtliche Verbindlichkeit für den Bundestagspräsidenten entfalten, kann er von der langfristig parlamentarischen Übung und den dauerhaft praktizierten Vereinbarungen mit Rücksicht auf die gebotene Gleichheit und Kontinuität der Handhabung der Geschäftsordnung nur aus besonderem Grund oder mit Einverständnis der Fraktionen abweichen.[31] Der nach wie vor bestehende und in den Beratungen des Geschäftsordnungsausschusses geäußerte Konsens zwischen den Fraktionen zur Thematik der Redezeit von

„Fraktionsabweichlern" verlangte gerade nicht nach einer Gegenposition des Bundestagspräsidenten, die auf eine zusätzliche Gewährung von Sonderrechten über bereits bestehende Minderheitenrechte der betroffenen Abgeordneten hinausläuft.

Mit dem erklärten Ziel des fairen, loyalen und geordneten parlamentarischen Geschäftsgangs steht die durch den Bundestagspräsidenten erteilte Redezeit von jeweils fünf Minuten für die „Fraktionsabweichler" somit in einem unübersehbaren Missverhältnis.

Es ist festzuhalten, dass die Vereinbarungen des Bundestages (i.e. der Ältestenrat) über die Redezeit auch dem Schutz der kleineren Parteien dienen, da ihnen aufgrund der an ihrer Stärke im Parlament orientierten proportionalen Redezeitverteilung ein geringeres Zeitkontingent zusteht als größeren Parteien. Es wäre somit auch nicht mit der praktizierten Redezeitregelung vereinbar, wenn die ohnehin oft knapp bemessene Redezeit zusätzlich noch für fraktionsabweichende Redner aufgeteilt werden müsste.

## 6. Lösungsvorschlag

Schließlich stellt sich bei aller Kritik am Vorgehen des Bundestagspräsidenten die Aufgabe, einen konstruktiven Lösungsvorschlag zu erarbeiten, der die widerstreitenden Interessen von „Fraktionsabweichlern" einerseits und Fraktionen andererseits im parlamentarischen Willensbildungsprozess miteinander in Einklang zu bringen vermag. Dass der Abgeordnete das Wort erhalten muss, wird an dieser Stelle unter maßgebender Berücksichtigung der Rechtsprechung des Verfassungsgerichts nicht bestritten. Hierzu hat es ausgeführt, „dass der einzelne Abgeordnete sich notfalls auch gegen den Willen seiner Fraktionsfreunde zu Wort meldet und es erhält, um das auszusprechen, was sein Gewissen ihm gebietet".[32] Wie bereits angesprochen verhält sich die Urteilsbegründung allerdings nicht zu der Fragestellung auf welche Art und Weise der „Abweichler" sich zu Wort melden kann. Ebenso entbehrt das Urteil einer Richtlinie für die Rededauer für „Fraktionsab-weichler".[33]

Da das Rederecht nicht originär den Fraktionen zusteht, sondern in einem ersten Schritt auf dem Rederecht des einzelnen Abgeordneten beruht, spricht ein Fraktionsredner grundsätzlich immer auch für seine Fraktionskollegen. Dabei ist hervorzuheben, dass diese Fraktionsmitglieder in eben dieser Debatte auf ihr Rederecht verzichten.[34] Es bleibt jeder Fraktion selbst überlassen, ob sie die ihr zustehende Redezeit auf mehrere oder wenige Redner verteilt. Es kann von den „Fraktionsabweichlern" aus diesem Grunde nach der hier vertretenen Ansicht verlangt werden, dass sie sich sowohl an ihre Fraktionsführung als auch den Bundestagspräsidenten mit ihrem Redebegehren wenden, um die Angelegenheit einvernehmlich in die Überlegungen zur Festlegung der Redezeit im Ältestenrat mit einzubeziehen.

Die hier vertretene Auffassung favorisiert jedoch eine Lösungsalternative, die darauf hinausläuft, dass der Abgeordnete mit abweichender Meinung auf die Kurzintervention oder eine persönliche Erklärung zu verweisen ist. Bei diesem Vorschlag wird nicht übersehen, dass es um diese Wortmeldungen gerade nicht um Beiträge zur Debatte geht, sondern um eine Erklärung zu einem Punkt, dessen Beratung bereits stattgefunden hat.[35] Legt man jedoch die eingangs dargestellte Legitimationstheorie zugrunde, ist dies unschädlich, da der Meinungsbildungsprozess abgeschlossen ist und bereits zu diesem Zeitpunkt weitestgehend feststeht, wie der einzelne Abgeordnete abstimmen wird. Eine Vorstellung, die davon ausgeht, der „Fraktionsabweichler" könne in allerletzter Minute einige Kollegen noch umstimmen, ist vor dem Hintergrund der ebenfalls eingangs dargestellten Vorbereitungen einer Plenumsdebatte und insbesondere in diesem konkreten Fall nicht mit der Realität in der parlamentarischen Praxis zu vereinbaren. Indem der „Abweichler" auf die Kurzintervention oder persönliche Erklärung zu verweisen ist, wird überdies einer nicht wünschenswerten Ausdehnung der zuvor festgelegten Redezeit im Plenum entgegengewirkt.

Schließlich ist zu erwägen, die Rechte von „Fraktionsabweichlern" und fraktionslosen Abgeordneten hinsichtlich der Rededauer und der Voraussetzungen in § 31 der Geschäftsordnung des Deutschen Bundestages eindeutig zu kodifizieren und dieses Minderheitenrecht nicht nur als mündliche Erklärung zur Abstimmung, sondern auch allgemein als Erklärung zur Debatte zuzulassen. Aber auch wenn die Debatte letztlich im einstimmigen Interesse der Fraktionen auf eine geschäftsordnungsrechtliche Einschränkung der Rechte des einzelnen Abgeordneten hinauslaufen würde, ist dies zugunsten der Funktionsfähigkeit des Bundestages als Rechtsgut von Verfassungsrang sowie im Interesse eines altbewährt sachgerechten Beratungsganges und der Entscheidungsfähigkeit des Parlaments hinzunehmen.

Anmerkungen

1 In Anlehnung an die verwendeten Begrifflichkeiten im verfassungsrechtlichen Schrifttum wird auf die Formulierungen „Fraktionsabweichler" bzw. „Abweichler" zurückgegriffen, vgl. *Ritzel/Bücker/Schreiner*, Kommentar zur Geschäftsordnung des Deutschen Bundestages, 2011, S. 24.1.
2 So bereits *Bücker*, in: Parlamentarische Demokratie, Bewährung und Verteidigung, 1984, S. 39 (50).
3 Vgl. BVerfGE 1, 144 (149).
4 So auch *Zeh*, in: Schneider/Zeh (Hrsg.), Parlamentsrecht und Parlamentspraxis, 1989, S. 917 (922).
5 BVerfGE 112, 118 (133 ff.).
6 Vgl. *Zeh*, in: Schneider/Zeh, a. a. O., S. 917 (924).
7 Hierzu *Zeh*, in: Schneider/Zeh, a. a. O., S. 917 (923).
8 Hierzu ausführlich *Zeh*, in: Schneider/Zeh, a. a. O., S. 917 (926).
9 BVerfGE 10, 4.
10 *Roll*, in: Geschäftsordnung des Deutschen Bundestages, 2001, § 35 Rdn. 1.
11 *Scholz*, in: Festg. Blischke, 1982, S. 81.
12 Kritisch hierzu *Stern*, Das Staatsrecht der Bundesrepublik Deutschland, Band 1, 2. Aufl. 1984, S. 1058.
13 BVerfGE 10, 4.
14 *Zeh*, in: Schneider/Zeh, a. a. O., S. 917 (932).
15 So auch *Scholz*, in: Festg. Blischke, 1982, S. 81.
16 Zwar lässt sich die proportionale Verteilung der Redezeit nach der Stärke der Fraktionen nicht verbindlich der Geschäftsordnung des Bundestages entnehmen, jedoch wird sie in der geübten Praxis des parlamentarischen Alltags als selbstverständlich vorausgesetzt, vgl. *Bücker*, in: FS Schellknecht, 1984, S. 39 (50).
17 BVerfGE 44, 308.
18 Hierzu gehört u.a. eine proportionale Redezeitverteilung, vgl. *Besch*, in: Schneider/Zeh, a. a. O., S. 939 (943).
19 BVerfGE 112, 118 (133 ff.); *Butzer*, in: Epping/Hillgruber, Kommentar GG, Art. 38 Rdn. 117.
20 BVerfGE 10, 4 (15).

21 BVerfGE 10, 4 (15).

22 BVerfGE 10, 4 (19); ausführlich *Arndt*, Parlamentarische Geschäftsordnungsautonomie und autonomes Parlamentsrecht, 1966, S. 64 (72 ff.); *Besch*, in: Schneider/Zeh, a. a. O., S. 939 (941).

23 *Ritzel/Bücker/Schreiner*, a. a. O., S. 18.

24 *Morlok*, in: Dreier, Grundgesetz-Kommentar, Band 2, 2. Aufl. 2006, Art. 38 Rdn. 152 f.

25 Bereits BVerfGE 1, 144 (149).

26 Vgl. BVerfGE 80, 188 (218 f.); 84, 304 (321); *Morlok*, in: Dreier, Grundgesetz-Kommentar, Band 2, 2. Aufl. 2006, Art. 38 Rdn. 152.

27 Die verfassungsrechtliche Rechtfertigung für die Einbindung der Abgeordneten in Fraktionen wird unter Berufung auf Funktionsfähigkeit und Effizienz des Parlaments gebilligt, *Schulze-Fielitz*, DÖV 1989, S. 829 (834).

28 Schulze-Fielitz, DÖV 1989, S. 829 (834).

29 Vgl. so auch bereits *Schulze-Fielitz*, DÖV 1989, S. 829 (835).

30 Die Grundsätze des Wüppesahl-Urteils (BVerfGE 80, 188) können folglich in dieser Debatte keine Anwendung finden.

31 *Ritzel/Bücker/Schreiner*, a. a. O., § 28 S. 3.

32 BVerfGE 10, 4 (12); zustimmend *Klein*, in: Maunz-Dürig, Grundgesetz, Losebl. (Stand Oktober 2010, Art. 38 Rdn. 231.

33 Vgl. Scholz, in: Festg. Blischke, 1982, S. 81 (82).

34 Klarstellend auch *Scholz*, in: Festg. Blischke, 1982, S. 81 (82).

35 Hierzu *Klein*: „Gegen den Willen der Freunde“ in; Frankfurter Allgemeine Zeitung vom 20.10.2011, S. 6.

# „Der Parlamentarier ist nicht täglich mutig“

## Ein Gespräch mit Norbert Lammert

von Günther Nonnenmacher, Herausgeber der Frankfurter Allgemeinen Zeitung, und Eckart Lohse, Leiter des Berliner Büros der Frankfurter Allgemeinen Sonntagszeitung

*Herr Bundestagspräsident, Sie sind in unserer repräsentativen Demokratie, wenn man so will, der oberste Repräsentant des Volkes, der berufene Sachwalter der parlamentarischen Demokratie. Der Bundespräsident hat aber kürzlich vor einer Aushöhlung des Parlamentarismus gewarnt, weil immer mehr Fragen von kleinen Entscheidungsrunden beantwortet werden, die das Parlament dann nur noch abnickt. Teilen Sie diese Kritik?*

Ich habe den Hinweis des Bundespräsidenten nicht als Kritik verstanden, sondern als Ausdruck einer Besorgnis. Die Befürchtung einer Entparlamentarisierung habe ich überhaupt nicht. Es gibt in der Tat Entwicklungen, bei denen Zuständigkeiten aus deutschen Verfassungsinstitutionen an internationale Gremien auswandern. Aber umgekehrt gibt es auch eine Reparlamentarisierung von Entscheidungsprozessen, die früher rein exekutives Handeln waren.

Wir machen in Zeiten der Globalisierung alle die Erfahrung, dass Aufgaben, die früher in der Zuständigkeit eines Nationalstaates lagen, in diesen Grenzen verlässlich und durchsetzbar nicht mehr geregelt werden können. Die Verselbständigung der internationalen Finanzmärkte ist ein besonders dramatisches Beispiel. Parallel dazu haben wir uns in Europa seit rund fünfzig Jahren entschieden, staatliche Zuständigkeiten aus freien Stücken einer Gemeinschaft mit staatsähnlichen Zuständigkeiten zu übertragen, weil wir davon überzeugt sind, dass wir unsere Interessen in diesem europäischen Verbund gemeinsam wirkungsvoller wahrnehmen können als jeweils einzeln. Das hat sich nicht wie ein Naturereignis hinter unserem Rücken vollzogen, sondern es ist Ergebnis von Entscheidungen, die wir selbst getroffen haben. Es ist aber unsinnig, eine aus guten Gründen wahrgenommene Kompetenzübertragung anschließend als Kompetenzverlust zu beklagen.

*Aber hat das Bundesverfassungsgericht den Bundestag nicht mit dem Begriff „Integrationsverantwortung" ermahnt, solche Kompetenzübertragungen nicht auf die leichte Schulter zu nehmen?*

Völlig richtig. Deswegen haben mir auch die Entscheidungen des Bundesverfassungsgerichts zum Lissabon-Vertrag wie zur Griechenland-Hilfe außerordentlich gut gefallen. Sie stimmen mit meiner Vorstellung über die notwendige Rollenverteilung zwischen Regierung und Parlament nahtlos überein. Das Bundesverfassungsgericht hat unmissverständlich festgehalten, dass solche Zuständigkeitsübertragungen, wenn überhaupt, nur durch die Mitwirkung des Bundestages demokratisch legitimiert und damit verfassungsmäßig sind. Wir haben im Zusammenhang mit dem Lissabon-Vertrag ein Parlamentsbeteiligungsgesetz, nach dem die Bundesregierung gesetzlich verpflichtet ist, den Bundestag über alle wichtigen Initiativen auf europäischer Ebene zeitnah und vollständig zu unterrichten, damit der Bundestag die Möglichkeit einer Stellungnahme zu jeder möglichen Regelungsabsicht auf europäischer Ebene bekommt. Wenn er von dieser Möglichkeit Gebrauch macht, muss die Bundesregierung diese Position als maßgebliche Verhandlungsposition in den europäischen Gremien zugrunde legen.

Wir haben nach sorgfältiger Überlegung aus guten Gründen darauf verzichtet, sie an diese Stellungnahme des Bundestages imperativ zu binden. Das wäre gewissermaßen die mutwillige Beseitigung der Möglichkeit europäischer Konsenslösungen gewesen. Aber die Bundesregierung ist, wenn sie denn von dieser Stellungnahme abweicht, verpflichtet, den Bundestag über diese Abweichungen und ihre Begründung zu unterrichten. Die parlamentarische Mitwirkung gilt künftig in besonderer Weise bei der Handhabung eines europäischen Krisenstabilisierungsmechanismus (EFSF). Auch sie wird an Einzelentscheidungen des Deutschen Bundestages zurückgebunden. Deswegen ist es keine Übertreibung, wenn ich sage: Neben der Abwanderung von Zuständigkeiten, die wir selbst beschlossen haben, gibt es eine bemerkenswerte Reparlamentarisierung von Sachverhalten, die früher rein exekutives Handeln waren.

*Aber hat der Bundestag, wie das Beispiel der EFSF zeigt, damit nicht vor allem eine reaktive Rolle: Die Regierungen beraten und beschließen etwas in Brüssel, und dann erst kommt der Bundestag zum Zug? Er ist nicht das gestaltende Element, sondern steht am Ende der Kette.*

Das Parlament muss begreifen, dass es nicht anstelle der Regierung verhandeln kann. Und die Regierung muss begreifen, dass sie nicht anstelle des Parlamentes Entscheidungen treffen kann. Diese Unterscheidung fällt beiden Seiten gelegentlich schwer.

*Aber die Energiewende lief nicht nach diesem Muster ab. War das ein Ausreißer?*

Auch da sind die Analogien zwischen Verhandeln und Entscheiden auffälliger als die Unterschiede. Denn natürlich verhandeln zunächst mal legitimierte Vertreter, des Bundes wie der Länder, mit Betroffenen: Mit Energieversorgungsunternehmen und Agenturen, all denjenigen, die an unserem Energiesystem beteiligt sind. Deswegen glaube ich, dass die prinzipielle Aufgabenunterscheidung, die ich vorgenommen habe, realitätsnah und zugleich verfassungsfest ist. Was Präjudizierungen parlamentarischer Entscheidungen angeht, will ich verdeutlichen, dass es sich keineswegs nur um notarielle Beurkundungen vorher beschlossener Ergebnisse handelt. Beispiel Finanzkrise.

Im Herbst 2008, als der Kollaps der globalen Finanzmärkte drohte, konnte eine kurzfristig einberufene Sondersitzung der Staats- und Regierungschefs der EU überhaupt nur unter der Voraussetzung einen Rettungsschirm etablieren, dass die beteiligten Parlamente ihre Bereitschaft erklärten, diesen mit den notwendigen gesetzlichen Grundlagen zu versehen. Das ist in einem beispiellosen, für die Parlamentsgeschichte exzeptionellen Vorgang innerhalb von fünf Tagen unter einvernehmlicher Außerkraftsetzung aller üblichen Fristen erfolgt. Was Griechenland angeht, hat es wochenlange Verhandlungen gegeben mit dem Ziel, nicht nur überhaupt Hilfe für Griechenland möglich zu machen, sondern gleichzeitig die Bedingungen festzulegen, unter denen sie stattfindet. Und anschließend musste wiederum die Bundesregierung das Parlament um die Ermächtigung bitten, die Verpflichtungen überhaupt eingehen zu dürfen, die Gegenstand und Ergebnis dieser Verhandlungen waren.

Ein wesentlicher Punkt ist in der Öffentlichkeit kaum registriert worden: Das Parlament hat keineswegs die Ermächtigung schlicht erteilt, sondern das Parlament hat – zunächst sehr zum Unwillen der Regierung – darauf bestanden, dass die Vereinbarungen, die zwischen der griechischen Regierung, der Europäischen Kommission, der Europäischen Zentralbank und dem Internationalen Währungsfonds erzielt wurden, rechtliche Voraussetzung für die Gewährleistung sind. Dieser Beschluss des Bundestages hat zur Folge, dass die Troika regelmäßig, nämlich quartalsweise, das Einlösen der eingegangenen Verpflichtungen prüft und die Auszahlung der vereinbarten Tranchen von dieser Voraussetzung abhängig ist. Wenn sich der Bundesfinanzminister aus griechischer Sicht stur stellt, dann ist das keine persönliche Nickeligkeit, sondern die Umsetzung der vom Deutschen Bundestag geschaffenen Rechtslage. Er kann gar nicht zahlen, wenn er nicht das Attest der Einhaltung der Vereinbarung hat.

Auch bei der EFSF, dem europäischen Finanzstabilisierungsmechanismus, hat uns die Bundesregierung zunächst nur die gesetzliche Fixierung der Vertragsänderungen zugeleitet, die die Staats- und Regierungschefs am 21. Juli vereinbart haben. Der Bundestag ergänzt nun diese gesetzlichen Änderungen durch einen von uns selbst erarbeiteten Gesetzestext, der die Handhabung des Systems an parlamentarische Entscheidungen bindet: Bei jedem neuen Hilfsprogramm und bei jeder wesentlichen Änderung der getroffenen Vereinbarungen muss künftig der Bundestag als Plenum darüber befinden, zur Begleitung der vom Bundestag beschlossenen Maßnahmen wird dem Haushaltsausschuss die Kontrollfunktion übertragen.

*Reizt es einen Parlamentarier eigentlich, wenn es in der Exekutive heißt, eine Entscheidung sei alternativlos?*

Die Logik des Parlamentarismus besteht in dem Grundgedanken, dass es zu fast allem und jedem Alternativen gibt, die allerdings nicht in jedem Fall sinnvoll und schon gar nicht in jedem Fall besser sein müssen. Aber das Wesen des Parlamentarismus besteht ja gerade in der demonstrativen Konfrontation von Alternativen. Die für Regierungshandeln gelegentlich lästige parlamentarische Begleitung dient nicht nur der Verfassungskonformität, sondern auch dem Anspruch der Bevölkerung, Zweifel, Sorgen, Vorbehalte in dem politischen Forum der Nation ausgetragen zu sehen, bevor die tatsächlich rechtswirksamen Entscheidungen getroffen werden.

*Wenn die Kommunikationsfunktion des Parlaments ins Publikum zu schwach ist und die Menschen von einer Entscheidung nicht überzeugt sind, bekommen die Parlamente Druck von unten. Da stellt sich doch die Frage, ob wir nicht mehr plebiszitäre Elemente in der Verfassung brauchen.*

Ich teile weder die Euphorie für plebiszitäre Verfahren, noch würde ich mich durchdachten Vorschlägen fundamentalistisch entgegenstellen. Ich glaube, dass wir nüchtern abwägen sollten, ob und an welcher Stelle es Bedarf für zusätzliche Instrumente gibt. Die Erfahrungen, die wir in einer gut sechzigjährigen, stabilen und weltweit respektierten parlamentarischen Demokratie gemacht haben, zeigen: Je anspruchsvoller, komplexer und damit nachhaltiger Entscheidungen sind, desto schwieriger ist es, sie auf Zuruf mehrheitsfähig zu bekommen. Keine der großen Richtungsentscheidungen der Republik hätte vermutlich ein Plebiszit überstanden.

Das gilt für die Wiederbewaffnung, die Nachrüstung, den Euro, ja selbst die Soziale Marktwirtschaft hätte sicher nicht über ein Plebiszit eingeführt werden können. Dieses Land sähe gründlich anders und nicht besser aus, wenn nicht Parlamente umstrittene Entscheidungen aus ihrer Verantwortung für das Land getroffen hätten.

*Also keine Einführung plebiszitärer Elemente?*

Zweifellos gibt es ein wachsendes Bedürfnis an mehr direkter Bürgerbeteiligung. In den letzten zehn Jahren haben wir mehr als doppelt so viele Referenden und Bürgerentscheide in Ländern und Kommunen gehabt wie in den fünfzig Jahren zuvor. Allerdings liegt die Beteiligung an ihnen regelmäßig unter der an Parlamentswahlen. Daher kann ich nicht erkennen, warum die aus Referenden oder ähnlichen Instrumenten direkter Demokratie hervorgehende Legitimität größer sein soll als die von Parlamentsentscheidungen. Ich kann mir aber vorstellen, dass auch auf Bundesebene Formen des Bürgerbegehrens eingeführt werden, die sich solcher Themen annehmen, die vom Parlament nicht oder nur zögerlich behandelt werden.

*Gäbe es weniger Wut-Bürger, wenn mehr Mut-Parlamentarier da wären, die ihre Entscheidungen offen verteidigen?*

Ich glaube, ich trete niemandem zu nahe, wenn ich sage, dass der typische Bürger nicht täglich wütend und der typische Parlamentarier nicht täglich mutig ist. Wir reden in beiden Fällen über Ausnahme- und Grenzsituationen.

*Täuscht der Eindruck, dass die meisten Parlamentarier am Ende doch regelmäßig der Fraktionsdisziplin den Vorrang vor der eigenen Meinung geben, wenn beide nicht übereinstimmen?*

Die Fraktionsdisziplin wird zwar viel kritisiert, ist in Wirklichkeit aber eine Errungenschaft eines parlamentarischen Systems. Denn sie stellt die Kalkulierbarkeit von Entscheidungen sicher, auf die der Wähler Anspruch hat. Denn der wählt ja nicht Solisten ins Parlament, sondern Gruppierungen, von denen er im Saldo am ehesten die Vertretung seiner Interessen erwartet. Deswegen wäre es gewiss kein Fortschritt, wenn jeder der gewählten Abgeordneten zu jeder Frage seine ganz persönliche Auffassung im Parlament verträte. Es ist vielmehr sinnvoll, wenn sich die einer Partei angehörenden und für sie kandidierenden Abgeordneten um eine gemeinsame Willensbildung bemühen.

*Wo bleibt das Aber?*

Zu den vielen klugen Regelungen unserer Verfassung gehört, dass die Fraktionen in ihr gar nicht vorkommen, wohl aber der Abgeordnete, der an Aufträge und Weisungen ausdrücklich nicht gebunden ist. Der Begriff Fraktionsdisziplin findet sich folgerichtig auch nicht im Grundgesetz. Fraktionen sind eine Realität, die für das Funktionieren des Parlaments wichtig sind, aber am Ende entscheidet der Abgeordnete ganz allein, wie er abstimmt.

*Der langjährig erfahrene Parlamentarier Norbert Lammert hat immer mal ausprobiert, was passiert, wenn man anders als die eigene Fraktion abstimmt. Wie viel Mut braucht man dafür?*

Es ist sicher ein Unterschied, ob jemand als Neuling oder als Langgedienter so handelt, ob jemand Gewicht in der Partei hat oder nicht, ob er eine herausgehobene Funktion hat oder keine. Ich bin ganz früh in meiner parlamentarischen Laufbahn in eine solche Situation gekommen und mit den Versuchungen konfrontiert worden, die sich daraus ergeben. Es ging damals um eine beabsichtigte Amnestieregelung in Parteispendenaffären; ich habe als Einziger in der Fraktion erklärt, ich könne da nicht mitwirken, und habe deshalb meine Zustimmung verweigert. Prompt wurde ich von den Medien in die Kategorie Abweichler einsortiert. Seitdem kam regelmäßig bei einschlägigen Entscheidungen die Anfrage, ob ich nicht auch da eine andere Meinung als die Fraktion hätte.

*Wie sind Sie aus dieser Falle herausgekommen?*

Ich habe für mich eine Faustregel entwickelt, die mich über drei Jahrzehnte parlamentarischer Arbeit begleitet hat. Es gibt zwei Voraussetzungen dafür, notfalls auch gegen die eigene Fraktion an einer Beurteilung festzuhalten. Erstens muss es eine wichtige Angelegenheit sein. Es ist nicht zumutbar, für jede zweit- oder drittrangige Frage die eigene Meinung zur Geltung bringen zu wollen. Das würde den parlamentarischen Betrieb paralysieren. Zweitens muss ich überzeugt sein, von diesem Thema ähnlich viel zu verstehen wie die Fachleute in der Fraktion, auf deren Urteil ich mich in der Regel genauso selbstverständlich verlasse wie die sich auf das meine in den Dingen, in denen ich die größere Expertise habe. Es kommt relativ häufig vor, dass man in einer wichtigen Frage eine abweichende Meinung hat; es kommt ähnlich häufig vor, dass man sich in einer Sache so trittfest glaubt wie andere. Aber dass beides zusammenkommt, ist doch eher selten.

*Ein Parlament hat in der Regel die Doppelfunktion, die Regierung zu stützen und gleichzeitig zu kontrollieren. Sind diese Funktionen beim Bundestag im Gleichgewicht?*

Es gibt in einem parlamentarischen System, zugespitzt gesagt, zwei Formen der Kontrolle: eine unauffällige, die wirksam ist, und eine auffällige, die unwirksam ist. Die parlamentarische Mehrheit, die eine Regierung gewählt hat, wird sie in der Regel nicht auffällig kontrollieren, aber da, wo sie es tut, ist das wirksam. Die Minderheit, die die Regierung nicht gewählt hat, tut alles, um sie auffällig zu kontrollieren, ist dabei aber in der Regel nicht wirksam.

*Weil sie nicht drohen kann?*

Drohen kann sie schon. Aber weil sie keine Mehrheit hat, kann sie ihre Absichten in der Regel nicht durchsetzen.

## Nicht als Privatmann

Günter Bannas

Es gehört zu den Erfahrungen von Abgeordneten des Bundestages, dass sie – sofern sie einer der Regierungsfraktionen angehören – im Laufe der Regierungsjahre mehr und mehr das Gefühl bekommen, die Freiheit ihres Gewissens habe sich vor allem auf den Erhalt der Regierungsfähigkeit ihrer Fraktion zu konzentrieren. Nicht ihre private politische Überzeugung sei gefragt, sondern ihr Beitrag zur Stabilisierung „ihrer" Regierung, pflegen manche zu klagen. Sie sollten sich auch keine Gedanken über politische Felder machen, die nicht zu ihrem engeren Arbeitsgebiet gehören, bekommen sie von den Fraktionsspitzen vermittelt. Sie sollten in den Debatten vor der Entscheidung nicht zu dem öffentlichen Eindruck beitragen, die Partei, die Fraktion, die Koalition seien zerstritten. Es versteht sich, dass Abgeordnete der Oppositionsfraktionen einem solchen Druck nicht unterworfen sind.

Auf besondere Weise hat das kürzlich der CDU-Abgeordnete Wolfgang Bosbach erfahren, der vom Chef des Kanzleramtsministers Ronald Pofalla – wofür sich dieser umgehend entschuldigt hat – übel angegangen worden ist. Anlass war die Euro-Entscheidung des Bundestages, bei welcher es der Spitze der Koalition um eine „Kanzlermehrheit“, mindestens aber eine „eigene Mehrheit“ ging. Über dem Vorfall ist eine Besonderheit jener Bundestagsdebatte in den Hintergrund getreten, die weitaus mehr als jenes Vorkommnis das Selbstverständnis des Bundestages betrifft – das Recht, die Pflicht, die Möglichkeit zur offenen Debatte.

Es war ein einmaliger Akt Norbert Lammerts, des Bundestagspräsidenten, gewesen. Auch ältere Parlamentarier können sich nicht an einen vergleichbaren Fall in der Vergangenheit erinnern. Lammert erteilte zwei Bundestagsabgeordneten der Koalition – dem CDU-Abgeordneten Klaus-Peter Willsch und dem FDP-Abgeordneten Frank Schäffler – das Wort, die ausdrücklich nicht „für ihre Fraktionen“ sprechen wollten. Beide begründeten, dass und weshalb sie gegen das Votum ihrer Fraktionen stimmen würden. Sie konnten dies, und darin lag die Besonderheit des Vorgangs, während der laufenden Bundestagsdebatte tun. Sie waren nicht darauf angewiesen, nach der Abstimmung im Rahmen einer „persönlichen Erklärung“ ihr abweichendes Verhalten zu begründen – zu einem Zeitpunkt also, zu welchem die anderen Abgeordneten – wie das üblich ist – den Saal schon verlassen hatten. Die meisten Parlamentarier berücksichtigen das in vergleichbarer Lage. Sie wollen nicht die Zeit der Kollegen über Gebühr in Anspruch nehmen, weshalb sie ihre Erklärung oft nur schriftlich zu Protokoll geben.

Lammert traf seine Entscheidung gegen die Meinung der Parlamentarischen Geschäftsführer – nicht bloß derjenigen der Unionsfraktion, sondern auch der Oppositionsfraktionen. Er wurde dafür fraktionsübergreifend im Ältestenrat des Bundestages gerügt und aufgefordert, vorbehaltlich weiterer Prüfungen das nicht zu wiederholen. Das Wort, Lammert habe „nach Gutsherrenart" entschieden, machte die Runde. Ohnehin steht der Bundestagspräsident in seiner Fraktion in dem Verdacht politischer Alleingänge und Abweichungen. Kürzlich machte in der-Unionsfraktion der – angeblich auf den Vorsitzenden Kauder zurückgehende – Scherz die Runde, beim Empfang des Papstes im Bundestag hätten sich „zwei Unfehlbare" getroffen: Benedikt XVI. und Norbert Lammert.

Gewöhnlich werden die Redezeiten im Bundestag zunächst je nach ihrer Größe auf die Bundestagsfraktionen verteilt. Diese befinden dann – zumeist im geschäftsführenden Vorstand und nur in Ausnahmefällen in größerem Kreis – über die eigenen Redner und deren Redezeit. Während der Debatten im Parlament haben der Bundestagspräsident oder seine Stellvertreter auf die Einhaltung dieser Redezeiten zu achten. Kurzfristige Veränderungen sind möglich, weshalb zumal während längerer Aussprachen die Parlamentarischen Geschäftsführer immer wieder nach vorne zum Sitzungsleiter laufen und sich dort besprechen.

In der Regel nominieren die Fraktionen solche Redner, welche die Mehrheitsmeinung der Fraktion repräsentieren. Entsprechend werden sie vom Bundestagspräsidenten angekündigt. Er sagt nicht etwa, nun spreche der Abgeordnete „Müller", sondern er verwendet die Formel, „für die XY-Fraktion spricht der Abgeordnete Müller". Insofern ist „Müller" nicht Privatmann. Er spricht als Teil eines Organs

– als Entsandter seiner Fraktion. Auf diese Weise sollen die Mehrheitsverhältnisse im Bundestag zum Ausdruck gebracht werden. Die Fraktionsführungen haben es zu organisieren. Auf dieses eigenständige Recht legen sie Wert.

Lammert hat sich nun darüber hinweggesetzt. Nicht einmal von dem – freilich anders gelagerten – Vorbild des Abgeordneten Wüppesahl hat er Gebrauch gemacht. Wüppesahl hatte von 1985 bis 1990 dem Bundestag angehört. Er schied aus der Fraktion der Grünen aus. Vor dem Bundesverfassungsgericht erstritt er sich später das Recht, zu jedem Tagesordnungspunkt seiner Wahl sprechen zu dürfen. Seine jeweils fünf Minuten langen Reden wurden an das Ende der Aussprache – allerdings vor der Abstimmung – gesetzt. „Es spricht der Abgeordnete Wüppesahl", war damals in Bonn ein geflügeltes Wort.

Willsch und Schäffler aber erhielten die Möglichkeit, sozusagen während der Hauptzeit, der Aussprache zum Euro-Rettungsfonds zu sprechen. Lammert weiß selbst, dass er an eine Grenze gegangen ist. Kürzlich (am 5. Oktober 2011) sagte er in der „Stuttgarter Zeitung", selbstverständlich habe er Verständnis für die Bedenken der Fraktionen. „Natürlich haben die Fraktionsführer recht, dass die Parlamentssitzungen in ihren Abläufen kalkulierbar bleiben müssen. Auch in Zukunft werden wir sicher keine Debatten erleben, bei denen jeder einzelne Abgeordnete seine persönliche Meinung vor dem Plenum des Deutschen Bundestages vorträgt." Genau diese Sorge haben die Parlamentarischen Geschäftsführer, und unmittelbar nach der Willsch-Schäffler-Premiere kündigte Hans-Christian Ströbele, der gerne vom Votum seiner Grünen-Fraktion abweicht, an, auch er wolle so wie die beiden Koalitionsabweichler behandelt werden. Sonst werde er sich „an Karlsruhe“ wenden.

Lammert berief sich nun darauf, das Wesen der Demokratie bestehe nicht nur in Rechten der Mehrheit, sondern auch in Rechten der Minderheit. Er machte den gewagten Vergleich: „Mehrheiten entscheiden auch im chinesischen Volkskongress. Mehrheiten haben auch in der DDR-Volkskammer entschieden.“ Er fügte an: „Ich lege großen Wert darauf, dass unser Verständnis von Demokratie und Parlament sich eben nicht allein auf den Umstand reduziert, dass am Ende Mehrheiten entscheiden, sondern dass auch Minderheiten zur Geltung kommen, und dass sie eigene Rechtsansprüche haben.“

Die Besonderheit des Vorgangs und seiner Entscheidung erklärte Lammert mit dem Hinweis, in allen Fraktionen (außer der Linksfraktion) habe es eine breite Zustimmung zum Euro-Stabilisierungsfonds gegeben. Doch wäre es angesichts der „breiten Besorgnis in der Bevölkerung“ dazu „schwer vermittelbar“ gewesen, „nahezu ausnahmslos Befürworter“ zu Wort kommen zu lassen. Im Widerspruch zu den Fraktionsgeschäftsführern sagte Lammert: „Nach meiner Überzeugung sollte der amtierende Präsident in einer vergleichbaren Situation ähnlich entscheiden.“

## Das Parlament als Kasernenhof

Heribert Prantl

Dass Abgeordnete nur „ihrem Gewissen unterworfen" sind, ist eine schöne Legende. Der Satz steht zwar so im Grundgesetz, ist aber ein Beispiel für die Asymmetrie von Theorie und Praxis. In der Praxis hat der Satz eine herbe Ergänzung gefunden; sie geht so: „Wenn sich Abgeordnete ihrem Gewissen und nicht der Fraktionsdisziplin unterwerfen, müssen sie auch die Folgen tragen und schauen, wo sie bleiben." Das heißt: Die Abgeordneten werden geschurigelt, zusammengefaltet, gebügelt, geschnitten und genötigt. Derlei gilt den Fraktionsführungen seit jeher als Akt der Spezial- und der Generalprävention, um zu verhindern, dass sich zu viele Abgeordnete auf das Gewissensexperiment einlassen.

Die versuchte Nötigung des ehrengeachteten Abgeordneten Wolfgang Bosbach durch den Kanzleramtsminister Pofalla gehört so gesehen zum parlamentarischen Alltag. Natürlich ist das freie Mandat keine Lizenz zum Dauersolo. Dieser Alltag verlangt durchaus eine gewisse Disziplin, weil sonst nicht wirksam regiert und nicht wirksam opponiert werden kann und weil die Öffentlichkeit ansonsten schnell geneigt ist, die Fraktion mit den vielen Gewissen als einen Hühnerhaufen zu bezeichnen.

Dass die Sache Bosbach/Pofalla noch nach Tagen so kräftig nachklingt, liegt erstens daran, dass der Beschimpfte nicht zu denen gehört, die sich jeden zweiten Tag auf ihr Gewissen berufen und dass er als Vorsitzender des Innenausschusses zu den Säulen seiner CDU-Fraktion gehört. Zweitens liegt es an der besonderen Rüpelhaftigkeit des Tons, den Pofalla angeschlagen hat. Das Parlament ist kein wilhelminisscher Kasernenhof; und die Entscheidung über die Erweiterung des Euro-Rettungsschirms ist keine, bei der ein Mann wie Bosbach aus Jux, Tollerei und Profilierungssucht dagegen stimmt. Bosbach spricht das Unbehagen aus, das auch viele Bürger plagt. Und er hat dieses Unbehagen schon seit Monaten artikuliert. Die Gehässigkeit, mit der er deswegen verfolgt wurde, ist keine Werbung für die Euro-Rettung, Wer schreit, hat unrecht, heißt es. Der Euro hat bessere Verteidigung verdient als durch Pofalla und Co..

Der beste deutsche Verteidiger, den die Euro-Rettung in den vergangenen Tagen hatte, war nicht Angela Merkel, auch nicht Finanzminister Wolfgang Schäuble, sondern der Bundestagspräsident Norbert Lammert: Er hat es mit einer schöpferischen Auslegung der Geschäftsordnung des Bundestags ermöglicht, dass dort auch Parlamentarier reden durften, die gegen den Rettungsschirm waren und die deswegen ihre Fraktion nie hätte ans Pult treten lassen. Wenn der Rettungsschirm aber so „alternativlos“ ist, wie es die Kanzlerin behauptet, muss sie solche parlamentarische Kritik nicht scheuen.

Mit Appellen zum Maulhalten, mit der Unterdrückung von Zweifeln und mit einer Augen-zu-und-durch-Propaganda kommt Europa nicht weiter. Die EU und den Euro kann man nicht gesundschreien, sondern nur gesundreformieren.

## Wächter der Demokratie

Thomas Schmid

Dass er populär wäre, kann man wirklich nicht sagen. Zwar ist Norbert Lammert der zweite Mann im Staate und er hat es zu einiger Fertigkeit in der Disziplin gebracht, dem protokollarisch über ihm stehenden ersten Mann im Staate, dem Bundespräsidenten – der aktuelle heißt Christian Wulff -, in dessen Hauptdomäne, der Redekunst, den Rang abzulaufen. Dem durchschnittlichen Bürger aber ist er kein Begriff. Norbert Lammert ist freilich für die politischen Feinschmecker längst ein Name mit einigem Glanz, an den kritischen Rändern des politischen Betriebs ist er ein gern gesehener Gast, in Akademien und Hörsälen, auf Historiker- und Kirchentagen ebenso wie in literarischen Salons und bei Ausstellungseröffnungen. Überall dort also, wo Helmut Kohl ungern hinging und es Angela Merkel auch nicht hinzieht. Norbert Lammert ist das gebildete Gesicht der Politik.

Mit Beharrlichkeit ist es am Ende aber doch gelungen, seine Furchen zu ziehen und über den harten Kern der Politikinteressierten hinaus ein wenig Prominenz zu gewinnen. Und zwar dadurch, dass er der Exekutive – vulgo der Kanzlerin – notorisch auf die Finger schaut und gelegentlich auf diese klopft. Zuletzt fiel er damit in dieser Woche vor der Abstimmung des Bundestages über die Erweiterung des EU-Rettungsschirms auf. Gegen den Willen aller Fraktionen ließ er zwei „Abweichler" (wie es in einer verräterischen Sprache heißt) aus Union- und FDP-Fraktion reden. Gerade wenn Mehrheiten riesengroß sind, muss die Stimme derer vernehmbar sein, die dem nicht zustimmen – meint der gemäßigte Parlamentsfundamentalist Lammert. Doch selbst ihn, der im täglichen Nahkampf mit den parlamentarischen Leitwölfen steht und in 31 Jahren Bundestag intime Kenntnisse der Härten des Betriebs erwerben konnte, hat die rüde Art überrascht, in der er wegen seines praktischen Votums für Redefreiheit gerügt wurde. Er sagt: „Dass meine Entscheidung, die beiden reden zu lassen, Ärger verursachen würde, war mir durchaus klar. Dass die parlamentarischen Geschäftsführer aller Fraktionen so geschlossen und massiv auf ein exklusives Benennungsrecht der Redner durch die Fraktionen bestanden haben, hat mich dann doch gewundert und nachdenklich gestimmt. Mit Blick auf die Verfassungslage und die Erwartungen der Öffentlichkeit auf einen repräsentativen Parlamentarismus empfinde ich diese Kritik als erstaunlich: Sie bestätigt eher die Zweifel am Parlament als Forum der Nation, statt sie offensiv auszuräumen." In dieser Kritik am Tunnelblick der Fraktionsprofis wird eine Distanz zu dem Milieu deutlich, das ihn umgibt. Norbert Lammert ist ein Akteur der Politik – und ihr Beobachter. Blickwinkel: von oben. Tonlage: ironisch, bissig. Niemand soll übersehen, dass dieser Wächter der parlamentarischen Tugenden von sich selbst ziemlich überzeugt ist.

So einer ist gut zu gebrauchen, in einer Zeit, in der die Regierungspolitik sich gerne als „alternativlos" präsentiert – Lammert sagt, darauf anspielend, gerne: „Es gibt immer Alternativen." Seit er 2005 Bundestagspräsident wurde, hat er alle Register gezogen, um als ein schöngeistiges, als ein intellektuell anspruchsvolles Oberhaupt des immer noch recht jungen deutschen Parlamentarismus zu glänzen. Mit der entschlossenen Verteidigung der Rechte und der Macht der Volksvertretung hat er aber sein Thema gefunden – ein Thema, mit dem er am Ende doch noch richtig populär werden könnte.

Mit Sorge sieht er „den Trend, dass parlamentarische Entscheidungen durch exekutives Handeln verdrängt werden". Das habe, sagt er, auch mit der Globalisierung zu tun. „Häufig diktiert die Wirtschaft der Politik die Konditionen stärker als umgekehrt die Politik der Wirtschaft." Das ist es aber nicht nur, und die Auskunftsfreudigkeit des CDU-Politikers Lammert nimmt deutlich ab, wenn er auf eine andere Ursache der Parlamentsentwertung angesprochen wird: auf die Tatsache, dass die gegenwärtige Bundesregierung einen kraftvollen Hang zum exekutiven Druck, also dazu hat, das Parlament – die eigentliche politische Arena der Nation – unter Druck zu setzen und zu hastiger Arbeit zu drängen. Beispiel „Energiewende". Wohl sagt er dazu: „Es besteht immer die Gefahr, dass die Macht des Parlaments ausgehebelt wird." Als dessen Chef kann er aber schlechterdings nicht zugeben, dass sein Haus die Funktion verloren haben könnte, das große, breite Diskussions- und Entscheidungsforum Deutschlands zu sein.

Er kämpft gegen diesen Trend und gibt sich dabei recht zuversichtlich. Er glaubt daran, dass alle Macht vom Volk, vermittelt also vom Parlament ausgeht. Was der Volksvertretung abgeknapst worden ist, das kann sie sich zurückholen. Und er ist so kühn zu behaupten, das Jahr 2011 – also das Jahr der Merkel-Exekutive – werde später als das Jahr in Erinnerung bleiben, in dem das Parlament so erfolgreich wie lange nicht mehr seine eigene Machtvollkommenheit zurückerobert habe. Es folgt eine klassische Lammert-Wendung, ebenso klar wie um die Ecke herum: „Insofern bin ich so unfröhlich nicht." Schon seit geraumer Zeit ist zu beobachten, dass er Angela Merkel, die als Parteivorsitzende über ihm, als Bundeskanzlerin protokollarisch unter ihm steht, mit den Argusaugen des Wächters über die demokratischen Verfahren beobachtet. Er formuliert das tiefstapelnd so: „Mein Verhältnis zur Bundeskanzlerin ist gut und freundschaftlich, aber mitunter gespannt. Dieses Spannungsverhältnis ergibt sich zwangsläufig aus den unterschiedlichen Ämtern und Aufgaben."

Kein Zweifel, Norbert Lammert sieht sich als Hüter der Demokratie. Schon in seiner ersten Rede als Bundestagspräsident hat er selbstbewusst klargestellt: „Das Parlament ist im Übrigen nicht Vollzugsorgan der Bundesregierung, sondern umgekehrt ihr Auftraggeber." Hinter der Ironie, die er pflegt und zuweilen überstrapaziert, kann man auch den leisen Zweifel an diesem altdemokratischen Ideal herauslesen. In seinen Auftritten, die gelegentlich das Clowneske streifen, wird eine Distanz zum Betrieb sichtbar. Lammert ist insofern ein Glücksfall, als er die Kritik am politischen Alltag mit einem Höchstmaß an Populismusferne verbindet. Er verkörpert das Parlament, gerade auch in seinem repräsentativen, nicht basisdemokratischen Wesen. Und er hat Stil und weiß sich mit Lust im öffentlichen Raum zu bewegen – kein geringes Verdienst im Land der Deutschen, in dem so lange nur das Innere, nicht die Form zählen sollten. Es kommt vor, dass er damit übertreibt. Das Zeremonielle ist dem Sohn eines katholischen Bochumer Bäckermeisters in die Physis gerutscht, und gerade indem er mit ihr selbstspöttisch spielt, überhöht er seine Eitelkeit noch. Er gehört zu denen, die tief im Innern davon ausgehen, dass ein Gedanke dadurch geadelt wird, dass sie ihn aussprechen. Es hat aber etwas Schönes, wie er als Warner agiert: Er warnt und entwarnt zugleich. Das ist nicht halbherzig, sondern zivil. Es ist kein schlechtes Gefühl, in diesen schwankenden Zeiten einen Diskurshüter wie ihn auf dem Präsidentenstuhl im Reichstag zu wissen.

# Gegen den Willen der Freunde

Hans Hugo Klein

In der Debatte des Deutschen Bundestages über den Euro-Rettungsschirm am 29. September 2011 hat der Bundestagspräsident je einem Abgeordneten aus den Fraktionen von CDU/CSU und FDP das Wort erteilt, obgleich sie – wegen ihres abweichenden Standpunkts – von ihren Fraktionen nicht als Redner vorgesehen waren. Das hat bei den Fraktionen hörbaren Unmut ausgelöst. Der Bundestagspräsident wurde der Selbstherrlichkeit geziehen.

Es entspricht einer seit langem geübten Praxis des Parlaments, die Aussprache über einen Tagesordnungspunkt zeitlich zu begrenzen. Geschieht dies, so wird die Redezeit ihrer Stärke entsprechend auf die Fraktionen verteilt. Diese bestimmen dann die Redner, welche die Auffassung ihrer Fraktion darzulegen haben. Begehren fraktionslose Abgeordnete das Wort, so wird es ihnen üblicherweise unmittelbar vor Schluss der Debatte für eine der Schwierigkeit des Gegenstandes entsprechend bemessene Dauer erteilt.

Diese Praxis ist, wie das Bundesverfassungsgericht schon in einer frühen Entscheidung festgestellt hat, verfassungsrechtlich unbedenklich. Sie fördert die sachliche Arbeit des Parlaments, weil sie, indem sie die einem bestimmten Punkt zu widmende Gesamtredezeit begrenzt, eine angemessene Behandlung anderer Verfahrensgegenstände ermöglicht und im Allgemeinen sicherstellt, dass Abgeordnete aller Richtungen sprechen können.

Es liegt auf der Hand, dass ein solches Arrangement mit den Redewünschen der Abgeordneten kollidieren kann. In den Fraktionen muss entschieden werden, wer für die Fraktion zu sprechen Gelegenheit erhält. Das Bundesverfassungsgericht erkennt die Fraktionen als „notwendige Einrichtungen des Verfassungslebens", als das „politische Gliederungsprinzip des Parlaments" an. Den Fraktionen obliegt es, den technischen Ablauf der Parlamentsarbeit „in gewissem Grade" (so das Gericht) zu steuern und damit zu erleichtern. Das hat gewisse Beschränkungen der Freiheit des einzelnen Abgeordneten zur notwendigen Folge. So kann er seinen Redewunsch nicht durchsetzen, wenn es ihm nur darum geht, die von seiner Fraktion vertretene Meinung, die schon von anderen Rednern dargelegt worden ist, zu wiederholen. Das Rederecht des einzelnen Abgeordneten ist durch seine Fraktionsmitgliedschaft bedingten Schranken unterworfen, die auch durch die Vorteile gerechtfertigt sind, die diese Mitgliedschaft mit sich bringt. In der Regel wird das Rederecht des Abgeordneten hinter der Entscheidung seiner Fraktion darüber, wer für sie sprechen soll, zurückzustehen haben.

Angesichts der Bedeutung, die den Fraktionen für den Ablauf der Parlamentsarbeit zukommt, ist es also in aller Regel unbedenklich, wenn sie die Redner bestimmen, denen der die Sitzung leitende Präsident in der vorgesehenen Reihenfolge das Wort erteilt. Zwar heißt es in Paragraph 28 der Geschäftsordnung des Bundestages, dass der Präsident die Reihenfolge der Redner bestimmt. Aber diese Vorschrift ist nicht dahin zu verstehen, dass der Präsident bei der Worterteilung völlig frei wäre. Er ist vielmehr in seinem Ermessen gebunden. Schon die genannte Bestimmung gibt dem Präsidenten etwa auf, für die sachgemäße Erledigung und zweckmäßige Gestaltung der Beratung zu sorgen, auf die verschiedenen Parteirichtungen Rücksicht zu nehmen. Daraus folgt, dass es dem Präsidenten in einer nach dem Willen des Parlaments zeitlich begrenzten Debatte keinesfalls zukommt, jedem Abgeordneten, der zu sprechen wünscht, das Wort zu erteilen. Fraktionsabsprachen sind für ihn weitgehend bindend.

Aber auch hier gilt: Keine Regel ohne Ausnahme. Das Rederecht des einzelnen Abgeordneten ist ein wesentlicher Bestandteil seines verfassungsrechtlichen Status. Er hat nicht nur das selbstverständliche Recht, sein Stimmrecht frei auszuüben – die zum Teil beschämenden Vorkommnisse insbesondere um diejenigen Mitglieder der CDU/CSU-Fraktion, die der Euro-Rettungsaktion nicht zustimmen mochten, lassen allerdings Zweifel aufkommen, ob diese verfassungsrechtliche Selbstverständlichkeit auch politisch noch selbstverständlich ist! Der Abgeordnete hat auch das Recht, im Plenum des Bundestages von seinem Rederecht selbständig Gebrauch zu machen. Auch wenn dieses Recht dabei an die Grenzen stößt, von denen oben die Rede war, steht es doch keineswegs uneingeschränkt zur Disposition der Fraktion oder gar der Fraktionsführung. Auch bei festgesetzten Fraktionsredezeiten ist es der Bundestagspräsident, der für jeden Abgeordneten, der sich zu Wort meldet, über die Worterteilung befindet. Es ist also, so Karlsruhe, „nicht ausgeschlossen, dass der einzelne Abgeordnete sich notfalls auch gegen den Willen seiner Fraktionsfreunde zu Wort meldet und es erhält, um das auszusprechen, was sein Gewissen ihm gebietet".

Diese Situation entsteht, wenn ein Abgeordneter eine von der Mehrheit seiner Fraktion abweichende Meinung vertritt und diese in die Debatte einzubringen wünscht. In dieser Lage kann sich der von der Fraktion benannte Sprecher gerade nicht auch für den Abweichler äußern. Der Bundestagspräsident hat dann nicht nur kraft seiner Leitungsfunktion das Recht, sondern darüber hinaus die Pflicht, dem Abgeordneten das Wort zu erteilen und ihm dabei diejenige Redezeit einzuräumen, deren er im Blick auf das Gewicht und die Schwierigkeit des Verhandlungsgegenstandes bedarf. Das gilt vor allem dann, wenn der Standpunkt, den der Abgeordnete einzunehmen beabsichtigt, auch von anderer Seite nicht vertreten wird. Im hier zu erörternden Fall unterschieden sich, sieht man von der Fundamentalopposition der Fraktion „Die Linke" einmal ab, die Meinungen von Opposition und parlamentarischer Mehrheit vor allem dadurch, dass diese nach Auffassung jener den Weg in die europäische Schuldenunion zu zögerlich beschreitet. Da war es umso mehr geboten, dem Prinzip von Rede und Gegenrede wenigstens dadurch Geltung zu verschaffen, dass den Minderheiten innerhalb der Koalitionsfraktionen Gelegenheit zur Äußerung gegeben wurde. Es wäre bei dieser Sachlage auch nicht angängig gewesen, die dissentierenden Abgeordneten auf die Abgabe einer „Erklärung zur Abstimmung" zu verweisen. Denn diese Erklärung, zu deren Abgabe der Präsident das Wort auch erst nach der Abstimmung erteilen kann, ist kein Debattenbeitrag, den die abweichenden Abgeordneten zu leisten nach dem Gesagten das Recht hatten.

Die Befürchtung der Fraktionen, Aussprachen könnten bei dieser Verfahrensweise zeitlich aus dem Ruder laufen, ist ganz und gar unbegründet. Gibt es innerhalb einer Fraktion eine Mehrzahl von Abgeordneten, die eine Mindermeinung vertreten, ist es ihnen zumutbar, sich durch einen Redner aus ihren Reihen vertreten zu lassen. Sind ihre politischen Ziele gleichgerichtet, wird ihnen dadurch keine andere Beschränkung auferlegt als diejenige, die Fraktionsmitglieder hinzunehmen haben, die mit der Mehrheit ihrer Fraktion übereinstimmen und sich deshalb damit abfinden müssen, dass die von der Fraktion bestimmten Redner für sie sprechen.

Das Ergebnis ist also eindeutig: Der Bundestagspräsident hat nicht nur rechtmäßig, sondern pflichtgemäß gehandelt, als er den beiden Abgeordneten in der Debatte das Wort erteilte. Er hat damit zugleich den Fraktionen eine wichtige Lektion erteilt. So wichtig ihr Einfluss auf den parlamentarischen Arbeitsablauf ist, allbeherrschend ist er nicht. Der Präsident ist verpflichtet, dafür zu sorgen, dass die notwendige Entscheidungsfreiheit und Selbstverantwortlichkeit des einzelnen Abgeordneten erhalten bleibt – umso mehr, wenn die Fraktionen im Widerspruch zum geltenden Verfassungsrecht nicht willens sind, ihren Mitgliedern diesen Freiraum zuzugestehen.

# Briefe an den Bundestagspräsidenten

Die folgenden ausgewählten Briefe an den Bundestagspräsidenten sind teilweise gekürzt worden. Schreibfehler wurden korrigiert. Die Überschriften wurden redaktionell ergänzt.

3. Oktober 2011

## Im Interesse einer lebendigen Demokratie

Die Medien haben darüber berichtet, dass Sie entschieden haben, den Abweichlern beim Votum über die Vergrößerung und Erweiterung des Rettungsschirmes EFS, den Abgeordneten Willsch und Schäffler, Rederecht in der Debatte vor der Abstimmung einzuräumen. Viele Freunde und Bekannte sowie ich fanden Ihre Entscheidung sehr gut. Sie lag im Interesse einer lebendigen Demokratie, in der die Bürger einen Anspruch darauf haben, über die unterschiedlichen Aspekte einer Entscheidung informiert zu werden. Diesem Informationsanspruch wird ein Verweis von Abweichlern auf eine schriftliche Stellungnahme, die dem Protokoll angeheftet wird, nicht gerecht. Dort wird sie von den Medien nicht beachtet und geht völlig unter, so dass die Öffentlichkeit über die Argumente der Abweichler nichts erfährt. Wenn nur die Fraktionen bestimmen können, wer ein Rederecht bekommt, werden Abweichler systematisch von der großen Bühne des Bundestages ferngehalten. Ich habe diese Praxis schon in Leserbriefen nach der Entscheidung des Bundestages kritisiert. Dass Herr Dr. Gauweiler trotz fehlenden Rederechts einige Aufmerksamkeit für seine Haltung zum Lissabonvertrag in den Medien fand, war allein der Tatsache zuzuschreiben, dass er eine Klage gegen den Lissabonvertrag beim Bundesverfassungsgericht angekündigt hatte!
Ich hoffe, dass Sie bei der Linie Ihrer Entscheidung auch

in der Zukunft bleiben. Die Auseinandersetzung über Grundfragen unserer Politik ist durch die Verkürzung der Debatten darüber auf wenige Stunden schon so eingeschränkt, dass sie von den Bürgern kaum noch wahrgenommen werden kann. Ich erinnere mich mit Wehmut an die zwei- bis dreitägigen Debatten Anfang der fünfziger Jahre, in denen die zu behandelnden Probleme ausführlich kontrovers diskutiert wurden. Von einer solch demokratischen Praxis sind wir heute meilenweit entfernt, da die Fraktionsspitzen jegliche abweichende Meinungsäußerung fürchten wie der Teufel das Weihwasser. Diese Praxis unterhöhlt unsere Demokratie. Deshalb sollte sie schnellstens aufgegeben werden.

**J. K. aus Höhenkirchen**

1. Oktober 2011

**Hoffnung in die Lebensfähigkeit unserer Demokratie**

Ich spreche Ihnen meine größte Anerkennung für Ihre Entscheidung aus, auch kritische Stimmen im Bundestag zuzulassen. Dieser Entschluss zeugt von der Geisteshaltung eines wahrhaft aufrechten Demokraten, der sich nicht von den Duckmäusern und Lakaien in den Reihen der eigenen Partei von seinen Grundsätzen abbringen lässt.
Sie leben damit Grundsätze vor, die speziell mir als jungem Menschen (Jahrgang '92) Hoffnung geben, Hoffnung in die Lebensfähigkeit unserer Demokratie und in unsere Politiker im Allgemeinen. Sie verkörpern einen Typus des Politikers, der heutzutage viel zu selten geworden ist, eines Mannes, der die Grundsätze unseres Staates höher schätzt als niederes, partei-internes Geschacher.

**T. P.**

5. Oktober 2011

## Eine eigentlich selbstverständliche Sache

Ich schreibe ihnen weil ich ihnen von Herzen für ihr Handeln im Deutschen Bundestag am 29.09. bei der Abstimmung zum „EFSF-Rettungsschirm“ danken möchte. Zum einen, weil ich erst dadurch auf die erschreckende Tatsache aufmerksam wurde, dass die Fraktionen über die jeweiligen Redner entscheiden. Was eigentlich in der Sache recht logisch erscheint hat eben manchmal traurige Konsequenzen. Aber viel mehr danke ich ihnen dafür, dass sie in einem demokratisch gewählten Parlament (zu einem wirklich wichtigen Thema) immerhin abweichenden Meinungen die Möglichkeit gegeben haben gehört zu werden – und dabei geht es mir nicht einmal um deren Inhalt. Eine eigentlich selbstverständliche Sache sollte man meinen. Und mein tiefster Respekt gilt ihnen, weil sie dies ungeachtet möglicher politischer Konsequenzen taten – einfach nur aus Überzeugung und Verantwortung heraus. Ich hoffe, ich liege mit meiner Einschätzung nicht daneben. Damit haben sie nicht nur wirkliche Unabhängigkeit in ihrem Amt bewiesen, sondern sind auch ein positives Beispiel für konsequentes Handeln nach den eigenen Werten – vielleicht kann man sogar sagen für ein höheres Ziel. Das mag alles sehr pathetisch klingen. Das bin ich eigentlich gar nicht. Ich komme aus der IT-Branche und bin eher ernüchtert, wenn ich sehe, welche Antworten die Politik auf die Fragestellungen beispielsweise in diesem Bereich hat. Besonders (aber nicht nur) aus ihrer Partei. Leider

habe ich vielfach nicht einmal mehr das Gefühl, dass die politischen Akteure selbst von dem überzeugt sind, was sie sagen und fordern. Auch das betrifft leider alle Parteien und die komplette Themenvielfalt. Umso mehr freut es mich zu wissen, dass es einen „Guten" mehr in Berlin gibt ;)
Eigentlich kann ich es kaum glauben, dass ich jemandem dafür danken muss, dass in einer parlamentarischen Demokratie auch alle demokratisch gewählten Vertreter vor eben diesem Parlament sprechen dürfen. Auch wenn ihre Meinung abweichend von der Partei, der Fraktion, der „Mehrheit" oder wem auch immer sein sollte. Und weil es so unglaublich ist, ist es umso wichtiger es zu tun. Also hier nochmals von mir: DANKE!

**C. B. aus Köln**

31. Oktober 2011

## Responsivität und Volksnähe

Wir sind eine zehnte Klasse des Erasmus-Gymnasiums in Grevenbroich und behandeln in unserem SW Unterricht zurzeit das Thema Demokratie. In den letzten Stunden haben wir uns mit Responsivität und Volksnähe beschäftigt und sind dadurch auf die Idee gekommen Ihnen persönlich eine E-Mail zu schicken, um Ihnen unsere Meinung zu Ihrem Verhalten in der Angelegenheit des Rederechts der Abweichler anlässlich der Debatte im deutschen Bundestag über den Euro-Rettungsschirm, Ende September 2011, mitzuteilen.
Die Mehrheit unseres Kurses ist der Meinung, dass ihr Verhalten richtig war. Schließlich ist Ihnen in Ihrem neutralen Amt vorbehalten, wen Sie sprechen lassen. Dass Sie damit die Tradition brechen, ist zweitrangig, weil sonst die Vielfalt der abweichenden Meinungen im Parlament nicht zu Wort gekommen wäre. Dadurch wird in unseren Augen eine lebendige Form der Demokratie im deutschen Bundestag, die der Wähler nicht selten vermisst, ausgeübt.
Entgegen der Meinung der Mehrheit des Sozialwissenschaftskurses sind weniger Schüler (3 von 24) der Meinung, dass Ihr Verhalten nicht gerechtfertigt ist. Deren Meinung ist, dass Sie eine alte Tradition gebrochen haben, indem Sie Abgeordnete das Wort erteilt haben, die von Ihrer Partei nicht auf die Redeliste vorgesehen waren. Dass Sie von allen Seiten angegriffen werden zeigt, dass Sie mit

Ihrem Verhalten vielen Menschen vor den Kopf gestoßen haben.
Wir alle sind der Meinung, dass die Konfliktparteien sich zusammensetzen sollten, um eine neue Regelung bezüglich des Rederechts zu finden.

**Klasse 10 aus Grevenbroich**

1. Oktober 2011

## Rechtmäßigkeit der Entscheidung

Ich verfolge in den Medien mit Missmut, Unverständnis und sehr großer Verärgerung, dass an Ihnen Kritik daran geübt wird, dass Sie den sogenannten „Abweichlern" (eine äußert despektierliche und diskriminierende Begrifflichkeit) Frank Schäffler und Klaus-Peter Willsch in Sachen Euro-Rettungsschirm Redezeit im Plenum des Deutschen Bundestages zur Verfügung gestellt haben. Rechtsgrundlage für Worterteilung und Wortmeldungen sowie Erklärungen zur Abstimmung ist die Geschäftsordnung des Deutschen Bundestages in der Fassung der Bekanntmachung vom 2.7.1980 (BGBl. I S. 1237), zuletzt geändert laut Bekanntmachung vom 17. 12. 2010 (BGBl. I S. 2199).

Die Ermächtigung zum Erlass dieser Geschäftsordnung bildet Artikel 44 unseres Grundgesetzes. Zur Worterteilung und Wortmeldung ist in § 21 (1) der Geschäftsordnung des Deutschen Bundestages festgelegt: „Ein Mitglied des Bundestages darf nur sprechen, wenn ihm der Präsident (das sind derzeit Sie) das Wort erteilt hat."

Zur Erklärung zur Abstimmung findet sich im § 31 (1) der Geschäftsordnung des Deutschen Bundestags folgende Regelung: „Nach Schluß der Aussprache kann jedes Mitglied des Bundestages zur abschließenden Abstimmung eine mündliche Erklärung, die nicht länger als fünf Minuten dauern darf, oder eine kurze schriftliche Erklärung abgeben, die in das Plenarprotokoll aufzunehmen ist. Der

Präsident erteilt das Wort zu einer Erklärung in der Regel vor der Abstimmung."

Ihr Verhalten wird in der Unionsfraktion als rechtlich sehr zweifelhaft dargestellt. Auch sei Ihr Vorgehen nicht mit dem Ältestenrat abgestimmt worden. Als Folge wurde der Geschäftsordnungsausschuss des Bundestages mit der Angelegenheit befasst. Dieser Ausschuss prüfe nun die Rechtmäßigkeit der Entscheidung von Ihnen, die bis dahin außer Kraft gesetzt sei. Ich bin davon überzeugt, dass das von Ihnen unter Kenntnis der Bestimmungen der Geschäftsordnung des Deutschen Bundestages erteilte Rederecht auch rechtlich zulässig war und als solches zulässig bleiben muss. Sollte ich mich hier irren, dann ist die Gewährung eines solchen Rederechtes unverzüglich und unzweideutig in der vorgenannten Geschäftsordnung rechtlich zu verankern. Eine Demokratie lebt von der Vielfalt der Meinungen, auch und insbesondere bei Abstimmungen im Deutschen Bundestag, bei denen Bundestagsabgeordnete laut Artikel 38 (1) Vertreter des ganzen Volkes sind und „an Aufträge und Weisungen nicht gebunden und nur ihrem Gewissen unterworfen" sind.

**D. S. aus Großheide**

30. September 2011

**Existenzielle Fragen des Staates**

Ich habe mit Genugtuung zur Kenntnis genommen, dass Sie sog. „Abweichlern" Rederecht und Redezeit eingeräumt haben. wenn es im Parlament um existenzielle Fragen des Staates geht und darüber konträre Auffassungen unter den Abgeordneten bestehen, die von den Fraktionen nicht öffentlich gemacht werden, ist es m.E. unabdingbar, dass die Bürger direkt und umfassend über die Gegenstandpunkte informiert werden. Wird dieses Recht den Bürgern verweigert, wird der Weg frei zur Wählertäuschung und Meinungsmanipulation, zur Untergrabung der Demokratie. [...] Ich möchte Sie darin ermutigen, sich auch in Zukunft von Gegnern der Transparenz nicht hindern zu lassen, eine demokratische Kultur im Parlament zu praktizieren.

**K. B. aus Berlin**

3. Oktober 2011

## Die Interessen des Wählers

Unabhängig von meiner eigenen politischen Überzeugung (bin kein CDU-Wähler) und unabhängig davon, wie ich persönlich zum EFSF und den damit verbundenen Maßnahmen und Finanzrisiken stehe, möchte ich Ihnen mein ganz großes Lob aussprechen für Ihre Leitung der Bundestagsdebatte letzte Woche.
Ich fand es SEHR GUT, dass Sie es zwei der sogenannten „Abweichler" (MdB Willsch und MdB Schäffler) ermöglicht haben, WÄHREND der Debatte ans Rednerpult zu gehen und VOR der Abstimmung ihre Bedenken zu äußern. Denn was hat denn eine „persönliche Erklärung" vom Abgeordneten noch für einen Sinn, wenn die Abstimmung bereits gelaufen ist, um die es dabei geht?
Glücklicherweise konnte ich mir die o.g. Parlamentsdebatte und -abstimmung live bei PHOENIX im Fernsehen anschauen und alles verfolgen.
Überhaupt finde ich es sehr problematisch, dass die jeweilige Fraktionsführung alleine bestimmt, WER innerhalb der jeweils zugestandenen Redezeit sprechen darf. Denn eigentlich hat doch JEDE Abgeordnete / JEDER Abgeordnete das Recht, das seine Stimme gehört wird im Parlament, denn es sind ja UNSERE Volksvertreter, die wir als Wähler in den Bundestag schicken, um in unserem Auftrag die Interessen des Wählers wahrzunehmen.
Zwar sind Kurzinterventionen möglich, doch da es ausdrücklich KURZ-Intervention heißt, es da wahrscheinlich

die Redezeit zu knapp bemessen, um die jeweilige Ansicht darzustellen...
Auch ich sehe natürlich die Problematik, dass die Fraktionen natürlich innerhalb ihrer Redezeit nur „ihre" Parlamentarier reden lassen möchte, die die gegenwärtige „Fraktionslinie" vertreten und nach außen vortragen. Genauso ist mir klar, dass zusätzliche Redezeit für „Abweichler" den weiteren Verlauf des Tagesprogramms weiter nach hinten verschiebt und somit Entscheidungen noch länger dauern als teilweise ohnehin schon.
Aber: Entscheidungen sollten immer wohlüberlegt sein, denn nur gut durchdacht und rundherum „beleuchtet" von allen Seiten her und ohne „Scheuklappen", kommt eine fundierte Entscheidung heraus.
Es sollte doch ein Kompromiss möglich sein, der z.B. ein pauschales Rede-Zeitfenster X vorsieht VOR Abstimmungen von großer Tragweite, um eventuellen andersdenkenden MdB die Möglichkeit zu geben, ihre Sichtweise darzustellen.
Das gehört für mich zur gelebten Demokratie einfach dazu!

**T. W. aus Calw–Hirsau**

1. Oktober 2011

**Ein Forum für alle Meinungen**

Ich halte Ihre Entscheidung für völlig richtig, Abgeordneten Rechtecht zu geben, die den Mut haben, eine von der Mehrheit abweichende Meinung im Bundestag zu vertreten. Ihre Kritiker „vergessen", dass der Deutsche Bundestag ein Forum für alle Meinungen sein sollte, nicht nur Sprachrohr für in den Ausschüssen gefundene Entscheidungen.
Ich bin überzeugt, dass Sie allen eventuell gegen Sie vorgesehenen „Strafmaßnahmen" unbesorgt und mit der Ihnen eigenen Sachlichkeit entgegen sehen können.

**K. S.**

1. Oktober 2011

## Zum freien Mandat gehört das Rederecht

trotz einiger eigener sofort gehegter Vermutungen hat mich überrascht, heute in der FAZ auf Seite 2 bei meinem Redaktionskollegen Günter Bannas von der Wucht der Auseinandersetzungen zu lesen, denen Sie und Herr Bosbach derzeit ausgesetzt sind.
Ich hoffe, daß Sie und er beharrlich bei ihren Positionen bleiben. Soweit mir das möglich ist, möchte ich Sie ermutigen, dem auf Sie beide ausgeübten Druck nicht zu weichen.
So sehr Herr Kauder darin recht hat, daß jede Entscheidung eines Mitglieds des Bundestags eine ‚Gewissensentscheidung' ist, auch diejenige, sich der Mehrheit der eigenen Fraktion um der Stabilität der Regierung willen anzuschließen – so sehr muß dennoch auf der grundsätzlichen Freiheit des Mandats bestanden werden, und damit auch auf einer prinzipiellen All-Zuständigkeit eines jeden Abgeordneten für jeden parlamentarischen Gegenstand, auch außerhalb seines speziellen Arbeitskreises. Sonst macht Repräsentation keinen Sinn.
Zum freien Mandat gehört das Rederecht in der parlamentarischen Debatte, aus dringendem Grunde auch ohne Vorab-Genehmigung durch Fraktionsvorstände und Ältestenrat. Bundestagsdebatten sind leider häufig so langweilig, und das Plenum mittlerweile häufig so leer, weil jeder längst weiß, wer was wie lange oder wie kurz nach welchem Fahrplan vortragen wird.

Im Parlament muß frei, und deshalb gelegentlich auch spontan aus der Position eines Einzelnen gesprochen werden können. Es sitzen dort ja nicht Vorgesetzte und Untergebene beisammen sondern Gleichberechtigte. Parteien und Fraktionen sind zwar notwendige Voraussetzungen für verantwortliche parlamentarische Regierungsweise. Aber es ist nicht notwendig, daß daraus ein ‚Parteienstaat', ein Kartell der Parteiführungen wird, das sich immer tiefer, geradezu unersättlich in alle Institutionen einer freien Gesellschaft einfrißt und die Balance der Kräfte bedroht.

Im Jahre 1955 habe ich in Freiburg über Hugo Preuß promoviert, über den ersten Innenminister der am 9. November 1918 ausgerufenen deutschen Republik, über seine im ersten Weltkrieg entwickelten Ideen zur noch rechtzeitig möglichen Parlamentarisierung des Kaiserreiches, und über seinen Entwurf von 1918/19 für eine parlamentarische Verfassung der Republik. Während weiterer Studien in England habe ich manchen Abend auf der Pressetribüne des Unterhauses verbracht, um es als Institution kennen zu lernen. Auch in Westminster gibt es Verabredungen für die Zuteilung des Rederechts, aber eben auch die Möglichkeit eines einzelnen Mitgliedes des Hauses „to catch the Speaker's eye" und das korrespondierende Recht des Speakers, ihm spontan das Wort zu erteilen, wenn er erwartet, daß dieser etwas Hörenswertes beitragen werde.

Ich habe 1956 in England miterlebt, wie tapfer (aber auch vergeblich), ein konservativer Abgeordneter, Nigel Nicholson (ein Sohn des Diplomaten und Schriftstellers Harold Nicholson) in der Suez-Krise von 1956 wagte, der eigenen Regierung (Eden und McMillan) und der Fraktionsführung zu widersprechen. Die Auseinandersetzung darüber wurde mit äußerster Erbitterung geführt. Nicholson mußte mit dem Verlust seines Sitzes büßen. Die Mitglieder seines Wahlkreisverbands stellten ihn nicht mehr als Kandidaten für die nächsten Parlamentswahlen auf. Er schrieb über diesen scheußlichen Kampf ein lesenswertes Buch. Es steht in der Tradition von Edmund Burkes Brief an seine Wähler in Bristol.

Sie verteidigen im Recht des einzelnen Abgeordneten gegenüber Anmaßungen der Fraktionsbürokratien nicht nur dessen eigenes Recht, sondern zugleich die Freiheit und den Eigensinn des Parlaments als gesamthafter Institution gegenüber der Regierung und den Parteiführungen als anderen Institutionen. Das ist um so wichtiger geworden, als die Parlamente mittlerweile vorwiegend aus Berufspolitikern bestehen, was im Effekt die Führungen von Parteien und Fraktionen noch mächtiger machte. Das Proporzwahlrecht in unserem allzu sehr auf ‚Gerechtigkeit' gestimmten Land verstärkt diesen Effekt.

Um so dringender ist es, die Freiheit des Abgeordneten zu schützen. Im Recht des einzelnen Abgeordneten schützt sich das Parlament selbst – und außerdem die Regierung vor dem Übermut ihrer eigenen Macht. Die Wähler müssen dies im parlamentarischen Alltag immer wieder auch hören und sehen können. Ihr Grund-Vertrauen in das Parlament hängt daran.

Sie werden mich nicht falsch verstehen, wenn ich hinzufüge, daß es mich unangenehm berührte, zu sehen, wie dankbar einzelne Abgeordnete sich jüngst dazu äußerten, daß das Verfassungsgericht ihr Mitspracherecht an Entscheidungen des eigenen Regierungschefs im Ministerrat der EU „gestärkt" habe. Mußten Bundestagsabgeordnete sich erst durch das Verfassungsgericht dazu auffordern oder ermutigen lassen, den eigenen Regierungschef im Ministerrat der EU zu kontrollieren? Bezeugt diese Dankbarkeit nicht abermals die Schwäche des Selbstbehauptungswillens der Abgeordneten?

Ich erlaube mir Herrn Bosbach Kenntnis von diesem Brief zu geben. Es liegt auf der Hand, daß Ihre Sache und die seine zusammengehören.

Ich hoffe, daß Sie und Herr Bosbach dem Druck standhalten und sich von dem Vorwurf der „Selbstherrlichkeit" aus dem Munde von Fraktionsführungen nicht beeindrucken lassen. Tatsächlich geht es im genauen Wortsinn um die Herrschaft des Parlaments im eigenen Hause und die im Kern bedrohte Selbständigkeit und Verantwortlichkeit des gewählten einzelnen Abgeordneten.

**G. G aus Freiburg**

2. Oktober 2011

## Politikverdrossenheit wächst ständig

Ich bin weder CDU-Mitglied noch bin ich sonst politisch tätig. Aber auch meine Politikverdrossenheit wächst ständig, da ich immer mehr das Gefühl bekomme, auch durch meine Wahl nicht wirklich von den Parteien vertreten zu werden. Umso mehr danke ich Ihnen für Ihre Entscheidung in den letzten Tagen, im Parlament abweichenden Politiker innerhalb der regierenden Fraktion eine Redezeit einzuräumen. Diese abweichenden Meinungen, die sonst nur von der Opposition dargestellt wird, führt bei uns Bürgern zu weiteren Ansichten über komplexe Themen, die oft nur sehr schwer zu verstehen sind. Ich bin der Meinung, dass Ihre Entscheidung ein Demokratieverständnis darstellt, das von der Bevölkerung sehr begrüßt wird.
Der Protest der regierenden Parteien zu dieser Entscheidung zeigt mir immer mehr, wie weit die Politiker sich von der Demokratie entfernen.

**O. S.**

1. Oktober 2011

**Präzedenzfall von grundsätzlicher Bedeutung**

Ich schreibe Ihnen ganz spontan, weil ich Sie bestärken möchte, Ihre Worterteilung an die beiden „Abweichler" aus den Koalitionsfraktionen nachdrücklich zu verteidigen.
Ich kenne natürlich weder die der Plenarsitzung vorangegangenen Beratungen im Ältestenrat noch die Verhandlungen der Parlamentarischen Geschäftsführer währen der Plenarsitzung. Mir scheint aber dieser Präzedenzfall von grundsätzlicher Bedeutung für die künftige Rolle des Parlamentspräsidenten bei der Gestaltung der Aussprachen im Plenum zu sein.
Wenn ich die Entwicklung im Bundestag seit seinem Bestehen recht betrachte, gibt es eine zunehmende Tendenz, den Präsidenten des Bundestages lediglich als weisungsgebundenes Vollzugsorgan interfraktioneller Vereinbarungen zu sehen. Dass Sie sich im vorliegenden Fall von einer solchen Rolle gelöst haben, sollte Respekt und Anerkennung finden.

**R. K. aus Bonn**

1. Oktober 2011

## Aufgrund seines verfassungsrechtlichen Status

Meine Hochachtung für Ihre Person und Ihre Amtsführung, die ich Ihnen gegenüber schon einmal persönlich bei einer Veranstaltung der Vereinigung für Parlamentsfragen in Passau zum Ausdruck gebracht habe, kann ich im Zusammenhang mit Ihrer - kontrovers diskutierten - Entscheidung, einzelnen Abgeordneten auch außerhalb des Redekontingents ihrer Fraktionen eine gewisse Redezeit einzuräumen, nochmal mit großer Entschiedenheit bestätigen. Es dürfte Sie interessieren, dass es der Verfassungs- und Rechtskultur im Thüringer Landtag seit seiner Konstituierung im Jahr 1990 in ständiger Praxis entspricht, jedem Abgeordneten aufgrund seines verfassungsrechtlichen Status ein grundsätzliches Rederecht von ca. 5 Minuten zuzubilligen.[1]
Ich habe mich dazu in dem Kommentar zur Thüringer Verfassung kurz geäußert[2] und bin auf das grundsätzliche Problem zur individuellen und kollektiven Gestaltung parlamentarischer Tätigkeit in einem frühen Aufsatz in der DÖV eingegangen[3].

**J. L. aus Erfurt**

1 LT-Prot. 2. WP 43. Sitzung S. 3494; 87. Sitzung S. 7544 f.
2 Linck/Jutzi/Hopfe, Die Verfassung des Freistaats Thüringen, 1994, Art. 53 Rn. 10
3 DÖV 1975, S. 689 ff.

2. Oktober 2011

## Glauben an die intellektuelle Redlichkeit der Demokratie

Unserer gelegentlichen, eher flüchtigen Begegnungen im kulturellen Umfeld Berlins werden Sie sich kaum erinnern und auch die Wahrscheinlichkeit, dass Sie diese Zeilen überhaupt zu Gesicht bekommen, ist gering. Und ich selbst bin eigentlich zu alt, um mich überhaupt an abblendenden oder zustimmenden Zuschriften zu ‚versuchen'. Gleichwohl: haben Sie Dank, großen Dank, für Ihre Entscheidung, die zwei ablehnenden oder auch wenigsten zweifelnden Abgeordneten zu Wort kommen zu lassen.
Ich maße mir nicht an, es in der Frage der Kredit-Garantie besser oder auch nur anders zu wissen. Aber dass in einem solchen Augenblick auch Widersprüche zu Wort kommen MÜSSEN, um es ‚einfachen' Bürgern möglich zu machen, den Glauben an die intellektuelle Redlichkeit der Demokratie i.e. der Politik zu behaupten, ist das so ‚unbegreiflich'?
Ich arbeite noch (Jg. 32) als Dozent an der UdK. Natürlich diskutieren, streiten, verteidigen (selten) und missachten (häufig) die Studenten, die eine gefährdete Republik nicht kennen, die demokratische/parlamentarische Mühsal. Diese zu vertreten, ist – Sie wissen das weit besser als ich – (manchmal ebenso) mühsam. Dass Sie geholfen haben, dies in den nächsten Monaten zu tun, zu wollen und zu können, deshalb diese Zeilen und dafür noch mal Dank.

**P. S. aus Berlin**

6. Oktober 2011

**Eines der höchsten Güter unserer Verfassung**

Ich bewerte den Artikel 38, Absatz 1, unseres Grundgesetztes als eine entscheidende Bestimmung der Verfassung. Der in diesem Zusammenhang oft zitierte „Fraktionszwang" wird nur von den Politikern benutzt, die entweder das Grundgesetz nicht kennen oder wider besseres Wissen andere mit dieser Floskel zu in der Fraktion liegende Gründe für eine einheitliche Abstimmungen nötigen wollen. Ich haben den Eindruck, dass manchem Abgeordneten der Unterschied zwischen dem schon zitierten Artikel 38 und dem Artikel 76 (Fraktionszwang bei der Einbringung von Gesetzen) erklärt werden sollte.
Weiterhin war ich sehr betroffen, dass Ihre Entscheidung, zwei „Abweichlern" Redezeit zu gewähren, angegriffen wurde. Sie haben zu Recht vor den Reden dieser beiden Abgeordneten darauf hingewiesen, das das Rederecht im Parlament eines der höchsten Güter unserer Verfassung ist. Der Chefredakteur der Westdeutschen Allgemeinen Zeitung, Reitz, schreibt in völliger Übereinstimmung mit mir in seinem Kommentar, dass Sie mit dieser Entscheidung der Demokratie gedient haben. Haben Sie dafür meinen Dank für diese Entscheidung.

**H.-P. S aus Bochum**

3. Oktober 2011

**Minderheitsvoten kennenlernen**

Als Bürger, aber auch als Hochschullehrer, der seit Jahrzehnten mit den philosophischen Grundlagen unserer demokratischen Kultur beschäftigt, möchte ich Ihnen meinen Respekt und meine Zustimmung zu Ihrer Entscheidung zugunsten des Rederechts auch kritischer Stimmen aus dem Parlament zu besonders schwierigen Entscheidungen wie derjenigen über den Euro-Hilfsfond EFSF übermitteln. Sie haben damit in meinen Augen erneut deutlich gemacht, dass im Parlament, dem Vertreter des Souveräns, der einzelne Abgeordnete keinen Weisungen unterliegt und insbeosndere in seinem Gewissen zu respektieren ist. Zugleich haben Sie mit Ihrer Entscheidung nach meinem Verständnis Souverän, i.e. der Öffentlichkeit die Gelegenheit verschafft, neben der Mehrheitsmeinung in den Parteien auch (parteiintern) Minderheitsvoten kennenzulernen und sich auf diese Weise ein eignes Urteil in der verhandelten Sache zu bilden.

**J.-P. B. aus Hagen**

30. September 2011

## Über strittige Themen parlieren

Der zentrale Zweck eines Parlamentes muß es sein, über strittige Themen zu parlieren – daher der Name. Wenn allerdings die Mehrheit soweit geht, Minderheitsmeinungen zu unterdrücken und von der Aussprache auszuschließen, dann stellt sich die Frage, welchen Wert das „Parlament" noch hat. Ein Parlament, in dem nicht auch gestritten wird – und das kann nur passieren, wenn auch kontroverse Meinungen zum Ausdruck gebracht werden können – ist des Namens nicht würdig. Statt also Ihnen Vorwürfe für eine grunddemokratische Entscheidungen zu machen, sollten sich die Kritiker fragen, ob nicht vielleicht ihr Verständnis von parlamentarischer Demokratie geradezu pervers ist: Reden darf jeder, außer denen, die meiner Meinung nicht zustimmen. Von Redefreiheit kann unter diesen Umständen sicherlich keine Rede sein, denn Rede- und Meinungsfreiheit herrscht nur dann, wenn eben auch Minderheitsmeinungen zum Ausdruck kommen.

**M. L. aus Tönisvorst**

2. Oktober 2011

## Alternativen aufzeigen

Ich habe die Debatte über die Erweiterung des Euro-Rettungsschirm und auch die Reaktionen der Fraktionsvorsitzenden im Deutschen Bundestag verfolgt und möchte Ihnen im Nachgang meinen herzlichen Dank dafür aussprechen, dass Sie sich der großen Anstrengung unterzogen haben, in der Debatte einige Stimmen zu Wort kommen zu lassen, die versuchten, Alternativen zum vermeintlich oder tatsächlich alternativlosen Beschluss des Bundestages in dieser Frage aufzuzeigen. Sie haben m.E. der Demokratie in Deutschland damit einen großen Dienst erwiesen. Sie haben den Menschen durch Ihr Beispiel gezeigt, dass die Freiheit, die wir genießen, Verantwortung mit sich bringt, diese Freiheit zum wohl aller zu nutzen, selbst wenn Ihnen dadurch Nachteile entstehen.
In dem im Vergleich zu Ihnen kleineren Rahmen meines Verantwortungsbereiches einer evangelischen Kirchengemeinde habe ich selbst die Erfahrung gemacht, wie schwer es ist, den Gegenwind auszuhalten, wenn mein Gewissen und meine Überzeugung, es mir nicht erlauben, den einfachen Weg der Mehrheit zu gehen. Nur im Ansatz vermag ich mir vorzustellen, wie der Gegenwind ausgesehen haben mag, dem Sie ausgesetzt waren und sind.

**S. F. aus Salzgitter**

## Dekadente Demokratie

Als Wähler halte ich es für selbstverständlich, dass jeder Abgeordnete – auch jener mit einer vom Partei-Mainstream „abweichenden Meinung“ sein Anliegen vor dem Bundestag vorträgt. Welchen anderen Sinn sollte ein Parlament sonst haben? Es ist ein Skandal, dass manche, die sich „Volksvertreter“ nennen, genau dies „überraschend“ finden! Das sagt eine ganze Menge aus über den Zustand unserer sogenannten „Demokratie“. Hier zeigt sich nämlich die ganze Dekadenz unseres politischen Systems: Es geht gar nicht mehr um Meinungsbildung, sondern nur noch um die Durchsetzung von irgendwelchen in Hinterzimmern ausgeklüngelten Positionen, die in der Regel kleinen Lobbygruppen zugutekommen – nicht aber dem Souverän. (Und für die, die das vergessen haben oder nicht wahrhaben wollen: Der Souverän ist das Volk!)
Selbst wenn ich in dieser Frage nicht mit Herrn Schäffler und anderen „Abweichlern“ übereinstimme, ziehe ich meinen Hut vor denen, die den Mut aufbringen, selbständig zu denken und dies auch zu äußern – und die das auch auf das Risiko hin tun, von der Abnicker-Baggage namens „Parteien“ (In früheren Zeit hieß das übrigens nur „Partei“, war aber exakt dasselbe.) gemobbt zu werden.

**„wusel8“**

(Zu: Severin Weiland „Euro-Abweichler erzürnen die Parteigranden“ – Spiegel Online/29.09.2011)

## In so wichtigen, fundamentalen Angelegenheiten

Ich zolle jedem Abgeordneten, der dagegen gestimmt hat meinen Respekt! Auch wenn man nicht ihrer Auffassung ist, so zeugt es doch davon, dass es manche sich nicht so leicht machen. Denn mit dem Strom schwimmen ist immer leichter als dagegen.
Und auch dem Bundestagspräsidenten Lammert gehört Respekt.
Man wünschte sich so etwas öfters, dann würde es auch wieder lebendiger im Bundestag zugehen und Politik vielleicht auch wieder interessanterer machen.
Sicherlich kann man einen gewissen Fraktionszwang nachvollziehen, die Politik muß auch gestalten können, aber in so wichtigen, fundamentalen Angelegenheiten darf so etwas nicht als Knüppel dienen.

**„Maxemillian"**

(Zu: Severin Weiland „Euro-Abweichler erzürnen die Parteigranden" – Spiegel Online/29.09.2011)

## Das Gewissen des einzelnen Abgeordneten

Wir können wirklich froh sein, dass wir einen solch hervorragenden Politiker haben wie Bundestagspräsident Norbert Lammert, der die demokratische Ausrichtung des Parlaments über parteikonformes Verhalten setzt. Wie flegelhaft mutet dagegen das Auftreten von Herrn Pofalla gegenüber seinem Parteikollegen Bosbach an, der bei der Entscheidung über die Erweiterung des Euro-Rettungsschirms vergangene Woche gegen die Regierungsparteien gestimmt hatte. Trotz eines nicht zu leugnenden Fraktionszwangs muss auch hier das Gewissen des einzelnen Abgeordneten über allem stehen. Ein wichtiger Wesenszug der Bundesrepublik ist die Meinungsfreiheit, die in ihrer parlamentarischen Demokratie herrscht – und eben nicht das Abrufen einstimmiger Entscheidungen. Gut also, dass es so großartige Demokratie-Wächter wie Norbert Lammert gibt. Weiter so, Herr Lammert!

**T. E. aus Meckenheim**

(Zu: Thomas Schmid „Wächter der Demokratie“ – WamS/2. Oktober 2011)

## Nicht für alle Meinungen offen

Bundestagspräsident Lammert ist dafür zu loben, dass er immer wieder die Rechte des Parlaments gegenüber dem oft selbstherrlichen Auftreten der Regierung anmahnt. Dass er nun auch die Rechte des einzelnen Abgeordneten gegenüber den Fraktionsführungen gestärkt wissen will, zeigt mir, dass er wohl der Einzige ist, der das Grundgesetz kennt. Im Artikel 38.1 GG steht: „Die Abgeordneten...sind Vertreter des ganzen Volkes, an Aufträge und Weisungen nicht gebunden und nur ihrem Gewissen unterworfen."

Die Fraktionsvorsitzenden Altmeier (CDU) und leider auch Gysi (Die Linke) verweisen auf die Geschäftsordnung des Bundestages und tadeln Herrn Lammert, weil er in der Debatte über den Euro-Rettungsschirm zwei Abweichlern Rederecht erteilte, obwohl deren Fraktionen dieses verweigert hatten.

Nach dem Motto: „Das haben wir schon immer so gemacht, da könnte ja jeder kommen!", kritisierte ein Fraktionsgeschäftsführer Lammerts Entscheidung. Er vergisst offensichtlich, dass weder Fraktionszwang noch Disziplinierung von Abweichlern vom Grundgesetz gedeckt sind. Dass Christian Ströbele von seiner Fraktionsleitung seit Jahren daran gehindert wird, seine abweichende Meinung zum Afghanistan-Krieg im Parlament darlegen zu dürfen, straft den Anspruch dieser Partei Lügen, für alle Meinungen offen zu sein. Zeitplanungen und Nützlichkeitserwägungen können niemals Verfassungsgebote außer Kraft setzen.

Dieses seit Jahren übliche verfassungswidrige Gebaren ist einer der Gründe, warum sich Menschen von diesen Parteien angewidert abwenden, wie die sinkende Wahlbeteiligung belegt. Eine Umkehr ist zum Wohle der Demokratie dringend geboten. Dieser Demokratie hat Herr Lammert einen großen Dienst erwiesen.

**H.-J. H. aus Frankfurt**

(Zu: „Kein Herz für Abweichler" – FR/4. Oktober 2011)

## Das höchste Gut

Wie demokratisch sind eigentlich die im Bundestag vertretenen Parteien, wenn sie einerseits Parlamentarier mit einer anderen als der Fraktionsmeinung als „Abweichler" beschimpfen, andererseits ihnen Fraktionsredezeit verwehren? So mancher Zweifel ist zumindest im Ansatz zulässig. Da hat Norbert Lammert die volle Unterstützung, wenn er diesen von ihren Fraktionen ausgeschlossenen Parlamentariern trotzdem Rederecht einräumt. Nur das ist gelebte Demokratie, wenn auch die anderslautende Meinung Gehör findet. Und wenn Lammert jetzt von allen Fraktionen getadelt wird, dann sollten die wirklich aufhören, in Festreden auf Demokratie als das „höchste Gut" hinzuweisen.

**S. O. aus Rodgau**

(Zu: „Kein Herz für Abweichler" – FR/4. Oktober 2011)

## Demokratie interpretieren

Bravo, Herr Lammert! Man fragt sich wirklich, wie die Fraktionsführer der im Bundestag vertretenen Parteien eigentlich Demokratie interpretieren, wenn sie das Rederecht „andersdenkender" Abgeordneter beschränken oder unterbinden wollen. Mit linientreuen Volksvertretern hat ein Teil Deutschlands schon ausreichend Erfahrungen gemacht. Bundestagspräsident Norbert Lammert muss sich nicht allein auf das Handbuch der parlamentarischen Praxis beziehen. Es genügt, sich auf Voltaire zu berufen: „Mag sein, dass mir deine Worte missfallen, aber dein Recht, sie auszusprechen, werde ich bis zu meinem Tode verteidigen."

**P. S. aus Berlin**

(Berliner Morgenpost/5. Oktober 2011)

## Toleranz gegenüber Andersdenkenden

Selbstverständlich hat jeder Demokrat in einem parlamentarischen Gremium grundsätzlich ein Recht, sich zu artikulieren. In so einer wichtigen Frage hat der Bundestagspräsident richtig gehandelt, wenn er den abtrünnigen Abgeordneten das Wort erteilt hat. Das zeugt von einer über den Dingen stehenden Haltung und Toleranz gegenüber Andersdenkenden. Den Zwang der CDU-Fraktionsführung dagegen kann man nur als kleinkariert bezeichnen. Vielleicht sollten diese Leute noch mal im Protokoll nachlesen, was Papst Benedikt XVI. in seiner Ansprache vor dem Hohen Haus gesagt hat.

**C. L.**

(Berliner Morgenpost/5. Oktober 2011)

## Ein ganz neues Modell für unser Parlament

Wenn schon stillschweigend der Artikel 38 des Grundgesetzes („Die Abgeordneten des Deutschen Bundestages sind Vertreter des ganzen Volkes, an Aufträge und Weisungen nicht gebunden und nur ihrem Gewissen unterworfen.“) außer Kraft gesetzt wurde, warum nicht gleich ein ganz neues Modell für unser Parlament?
Das neue Parlament besteht nur noch aus den fünf Fraktionsvorsitzenden. Bei Abstimmungen hat jeder Fraktionsvorsitzender die Anzahl Stimmen, die auf seine Fraktion fallen. Die übrigen Bundestagsabgeordneten haben dann endlich genug Zeit, sich in ihren Wahlkreisen um die Wähler zu kümmern. Zu Beginn und zum Ende jeder Legislaturperiode treffen sich alle im Bundestag und singen die Nationalhymne.
Die diskutieren einmal pro Woche – zum Beispiel in der Talkshow von Günther Jauch – über die von der Regierung gewünschten Parlamentsentscheidungen; anschließend wird abgestimmt. Fertig!

**H. H. aus Sankt Augustin**

(Zu: Matthias Geis: „Lob der Mutprobe“ – Die Zeit/20.10.2011)

## Doch kein Parlament ohne Opposition

In seinem Beitrag lässt Bannas offen, ob Bundespräsident Lammert richtig handelte, als er in der Bundestagssitzung am 29. September 2011 den sogenannten „Abweichlern" aus eigenem Ermessen ein Rederecht von je fünf Minuten einräumte, um ihre Meinung vorzutragen. Bannas irrt, wenn er schreibt, Abgeordnete seien „Entsandte ihrer Fraktion", Das Gegenteil ist richtig. Unser Grundgesetz kennt keinen Fraktionszwang. Artikel 38 lautet kristallklar, dass die Abgeordneten als Vertreter des ganzen Volkes nicht an Weisungen und Aufträge gebunden, sondern nur ihrem Gewissen verpflichtet sind. Es handelt sich hier um ein zentrales Recht der Gewählten. Wie jedes Recht kann es begrenzt werden, wenn mit ihm Missbrauch betrieben wird, was in der Geschichte des Parlamentarismus leider oft passiert ist.

Ein solcher Fall lag hier nicht vor. Die zusätzliche Belastung von zehn weiteren Sitzungsminuten wurde durch ein Element der Fairness mehr als wettgemacht, in dem auch der Gegenstandpunkt sichtbar gemacht wurde. Wie hätte andernfalls der Bundestag ausgesehen? Wenn man die problematische Linke auslässt, wäre er ein Parlament ohne Opposition gewesen.

In einer schwierigen Frage, in der die große Mehrheit der Bürger anders denkt als seine Vertreter, wäre gefälligst den Weisungen der Fraktionsvorsitzenden zu folgen. Die schon jetzt große Kluft zwischen Wählern und Gewählten in einer Lebensfrage unseres Landes hätte sich ein weiteres Mal erweitert. Wir müssen deswegen dem Bundestagspräsidenten und dem kleinen Häuflein der mutigen Abgeordneten sehr dankbar dafür sein, dass sie die schwere Last auf sich genommen haben, ein Warnzeichen vor dem Weg in die Knechtschaft zu setzen. Wir sind das Volk!

**C. W. aus Köln**

(Zu: Günter Bannas „Nicht als Privatmann“ – F.A.Z./18. Oktober 2011)

# Zu den Autoren

**Günter Bannas,** Journalist und seit 1999 Leiter der politischen Redaktion der Frankfurter Allgemeine Zeitung in Berlin

**Jörg van Essen,** Oberstaatsanwalt a. D., seit 1990 Mitglied des Deutschen Bundestages und seit 1994 Erster Parlamentarischer Geschäftsführer der FDP-Bundestagsfraktion

**Roman Herzog, Prof. Dr.,** Präsident des Bundesverfassungsgerichts a. D. und Bundespräsident a. D.

**Hans Hugo Klein, Prof. Dr.,** Rechtswissenschaftler, Bundestagsabgeordneter a. D. und Richter im Zweiten Senat des Bundesverfassungsgerichts a. D.

**Norbert Lammert, Prof. Dr.,** seit 1980 Mitglied des Deutschen Bundestages und seit 2005 Präsident des Deutschen Bundestages

**Heribert Prantl, Prof. Dr.,** Journalist, Ressortchef für Innenpolitik und seit 2011 Mitglied der Chefredaktion der Süddeutschen Zeitung

**Thomas Schmid,** Journalist und seit 2010 Herausgeber der WELT Gruppe

# Quellennachweise:

Interview mit Norbert Lammert, „Der Parlamentarier ist nicht täglich mutig"
*Frankfurter Allgemeine Zeitung* (Beilage: „Denk ich an Deutschland 2011") vom 16.10.2011


Thomas Schmid, „Wächter der Demokratie",
*Welt am Sonntag* vom 02.10.2011

Heribert Prantl, „Das Parlament als Kasernenhof",
*Süddeutsche Zeitung* vom 04.10.2011

Günter Bannas, „Nicht als Privatmann",
*Frankfurter Allgemeine Zeitung* vom 11.10.2011


Hans Hugo Klein, „Gegen den Willen der Freunde",
*Frankfurter Allgemeine Zeitung* vom 20.10.2011.